方李邦琴北京大学人文学科文库出版基金赞助

北大外国语言学研究丛书

日语复合格助词研究

A Study of Japanese Compound Case Particles

马小兵 著

图书在版编目 (CIP) 数据

日语复合格助词研究 / 马小兵著 . — 北京:北京大学出版社,2020.9
(北京大学人文学科文库 . 北大外国语言学研究丛书)
ISBN 978-7-301-31392-3

Ⅰ. ①日… Ⅱ. ①马… Ⅲ. ①日语—助词—研究 Ⅳ. ① H364

中国版本图书馆 CIP 数据核字 (2020) 第 111821 号

书　　名	日语复合格助词研究 RIYU FUHE GEZHUCI YANJIU
著作责任者	马小兵　著
责任编辑	兰　婷
标准书号	ISBN 978-7-301-31392-3
出版发行	北京大学出版社
地　　址	北京市海淀区成府路 205 号　100871
网　　址	http://www.pup.cn　　新浪微博:@北京大学出版社
电子信箱	lanting371@163.com
电　　话	邮购部 010-62752015　发行部 010-62750672　编辑部 010-62759634
印 刷 者	大厂回族自治县彩虹印刷有限公司
经 销 者	新华书店
	650 毫米 ×980 毫米　16 开本　11.25 印张　230 千字 2020 年 9 月第 1 版　2020 年 9 月第 1 次印刷
定　　价	48.00 元

未经许可,不得以任何方式复制或抄袭本书之部分或全部内容。
版权所有,侵权必究
举报电话: 010-62752024　电子信箱: fd@pup.pku.edu.cn
图书如有印装质量问题,请与出版部联系,电话: 010-62756370

总　序

袁行霈

　　人文学科是北京大学的传统优势学科。早在京师大学堂建立之初，就设立了经学科、文学科，预科学生必须在五种外语中选修一种。京师大学堂于1912年改为现名，1917年，蔡元培先生出任北京大学校长，他"循思想自由原则，取兼容并包主义"，促进了思想解放和学术繁荣。1921年北大成立了四个全校性的研究所，下设自然科学、社会科学、国学和外国文学四门，人文学科仍然居于重要地位，广受社会的关注。这个传统一直沿袭下来，中华人民共和国成立后，1952年北京大学与清华大学、燕京大学三校的文、理科合并为现在的北京大学，大师云集，人文荟萃，成果斐然。改革开放后，北京大学的历史翻开了新的一页。

　　近十几年来，人文学科在学科建设、人才培养、师资队伍建设、教学科研等各方面改善了条件，取得了显著成绩。北大的人文学科门类齐全，在国内整体上居于优势地位，在世界上也占有引人瞩目的地位，相继出版了《中华文明史》《世界文明史》《世界现代化历程》《中国儒学史》《中国美学通史》《欧洲文学史》等高水平的著作，并主持了许多重大的考古项目，这些成果发挥

着引领学术前进的作用。目前，北大还承担着《儒藏》《中华文明探源》《北京大学藏西汉竹书》的整理与研究工作，以及《新编新注十三经》等重要项目。

与此同时，我们也清醒地看到，北大人文学科整体的绝对优势正在减弱，有的学科只具备相对优势了；有的成果规模优势明显，高度优势还有待提升。北大出了许多成果，但还要出思想，要产生影响人类命运和前途的思想理论。我们距离理想的目标还有相当长的距离，需要人文学科的老师和同学们加倍努力。

我曾经说过：与自然科学或社会科学相比，人文学科的成果，难以直接转化为生产力，给社会带来财富，人们或以为无用。其实，人文学科力求揭示人生的意义和价值，塑造理想的人格，指点人生趋向完美的境地。它能丰富人的精神，美化人的心灵，提升人的品德，协调人和自然的关系以及人和人的关系，促使人把自己掌握的知识和技术用到造福于人类的正道上来，这是人文无用之大用！试想，如果我们的心灵中没有诗意，我们的记忆中没有历史，我们的思考中没有哲理，我们的生活将成为什么样子？国家的强盛与否，将来不仅要看经济实力、国防实力，也要看国民的精神世界是否丰富，活得充实不充实，愉快不愉快，自在不自在，美不美。

一个民族，如果从根本上丧失了对人文学科的热情，丧失了对人文精神的追求和坚守，这个民族就丧失了进步的精神源泉。文化是一个民族的标志，是一个民族的根，在经济全球化的大趋势中，拥有几千年文化传统的中华民族，必须自觉维护自己的根，并以开放的态度吸取世界上其他民族的优秀文化，以跟上世界的潮流。站在这样的高度看待人文学科，我们深感责任之重大与紧迫。

北大人文学科的老师们蕴藏着巨大的潜力和创造性。我相信，只要使老师们的潜力充分发挥出来，北大人文学科便能克服种种障碍，在国内外开辟出一片新天地。

人文学科的研究主要是著书立说，以个体撰写著作为一大特点。除了需要协同研究的集体大项目外，我们还希望为教师独立探索，撰写、出版专著搭建平台，形成既具个体思想，又汇聚集体智慧的系列研究成果。为此，

北京大学人文学部决定编辑出版"北京大学人文学科文库",旨在汇集新时代北大人文学科的优秀成果,弘扬北大人文学科的学术传统,展示北大人文学科的整体实力和研究特色,为推动北大世界一流大学建设、促进人文学术发展做出贡献。

我们需要努力营造宽松的学术环境、浓厚的研究气氛。既要提倡教师根据国家的需要选择研究课题,集中人力物力进行研究,也鼓励教师按照自己的兴趣自由地选择课题。鼓励自由选题是"北京大学人文学科文库"的一个特点。

我们不可满足于泛泛的议论,也不可追求热闹,而应沉潜下来,认真钻研,将切实的成果贡献给社会。学术质量是"北京大学人文学科文库"的一大追求。文库的撰稿者会力求通过自己潜心研究、多年积累而成的优秀成果,来展示自己的学术水平。

我们要保持优良的学风,进一步突出北大的个性与特色。北大人要有大志气、大眼光、大手笔、大格局、大气象,做一些符合北大地位的事,做一些开风气之先的事。北大不能随波逐流,不能甘于平庸,不能跟在别人后面小打小闹。北大的学者要有与北大相称的气质、气节、气派、气势、气宇、气度、气韵和气象。北大的学者要致力于弘扬民族精神和时代精神,以提升国民的人文素质为己任。而承担这样的使命,首先要有谦逊的态度,向人民群众学习,向兄弟院校学习。切不可妄自尊大,目空一切。这也是"北京大学人文学科文库"力求展现的北大的人文素质。

这个文库目前有以下17套丛书:
"北大中国文学研究丛书"(陈平原 主编)
"北大中国语言学研究丛书"(王洪君 郭锐 主编)
"北大比较文学与世界文学研究丛书"(张辉 主编)
"北大中国史研究丛书"(荣新江 张帆 主编)
"北大世界史研究丛书"(高毅 主编)
"北大考古学研究丛书"(赵辉 主编)
"北大马克思主义哲学研究丛书"(丰子义 主编)
"北大中国哲学研究丛书"(王博 主编)

"北大外国哲学研究丛书"（韩水法 主编）
"北大东方文学研究丛书"（王邦维 主编）
"北大欧美文学研究丛书"（申丹 主编）
"北大外国语言学研究丛书"（宁琦 高一虹 主编）
"北大艺术学研究丛书"（彭锋 主编）
"北大对外汉语研究丛书"（赵杨 主编）
"北大古典学研究丛书"（李四龙、彭小瑜、廖可斌 主编）
"北大古今融通研究丛书"（陈晓明、彭锋 主编）
"北大人文跨学科研究丛书"（申丹、李四龙、王奇生、廖可斌主编）①

  这 17 套丛书仅收入学术新作，涵盖了北大人文学科的多个领域，它们的推出有利于读者整体了解当下北大人文学者的科研动态、学术实力和研究特色。这一文库将持续编辑出版，我们相信通过老中青学者的不断努力，其影响会越来越大，并将对北大人文学科的建设和北大创建世界一流大学起到积极作用，进而引起国际学术界的瞩目。

2020 年 3 月修订

---

  ① 本文库中获得国家社科基金后期资助或入选国家哲学社会科学成果文库的专著，因出版设计另有要求，因此加星号注标，在文库中存目。

丛书序言

北京大学外语学科的历史最早可以追溯到1862年成立的京师同文馆，经过150多年的锤炼与磨砺，已经成长为中国综合性大学中拥有最多语言资源的外语学科，共有20个招生语种专业、50余个教学和研究语种。与此同时，北大外语学科不断努力开拓学术前沿，从最初以语言教学、文学作品翻译为重点，到今天语言教育与学术研究并重，具有鲜明的传统和特色，在外国语言文学研究领域独树一帜、成果卓著。

尤其是从20世纪80年代起，语言学作为一门独立学科开始与文学研究逐渐分野。一批研究外国语言学的专家和学者汇集北大，胡壮麟、祝畹瑾、王逢鑫在英语学界引领前沿、桃李天下，田宝齐、龚人放、吴贻翼在俄语学界潜心致学、泽被后学，陈信德、安炳浩、汪大年、潘德鼎在东方语言学界著书立说、薪火相传。全国很多院校的外语专业和学科的建立发展都与北大外语学科的支持密不可分，有着深厚的血缘、学缘之渊源。

进入21世纪，世界范围内语言学研究取得了迅猛的发展，这要求从事外国语言学研究的学者必须摆脱以往研究的局限性，重新定位自己研究的使命、目标和意义。植根于北京大学百年造就的深厚学术传统，北大外语学科无论是从历史传承还是从当前

实力而言，都有能力在外国语言学研究领域守正创新，不断取得有价值的新进展。

我们认为，在进行外国语言学研究时，只有融入目的意识、本土意识、问题意识和创新意识，才会最终形成具有突破性、原创性意义的研究成果。

在强调研究创新的同时也需要看到，引进介绍国外先进的语言学成果仍是十分必要的，可以弥补我国语言学界研究中存在的理论来源不足的缺陷。尤其是引进那些被屏蔽在欧美语言学理论体系之外的其他国家的语言学理论成果，其中有很多有别于西方学者的认识和看法、有关语言学研究的独到见解和独特方法，对语言学研究的发展极具价值。借此可以充实国内语言学研究的理论和方法，拓宽语言学理论研究的视野，活跃并推动语言学研究的多元化发展。

运用国内外先进的语言学成果，对作为外语的目的语进行深入的研究，研究中要注意将基于具体语言的语言学研究与普通语言学研究相结合，外国语言学研究与中国语言学研究相结合，互为借鉴、互为补充。

瞄准国际语言学研究的前沿，运用国内外先进的语言学成果，充分利用中国本土的语言条件进行研究，将有助于推进汉语和少数民族语言的研究，同时为世界语言学研究提供重要补充和支撑。

2016年春，为弘扬北京大学人文研究的学术传统、促进人文学科的深入发展，北京大学人文学部开始着手建设"北京大学人文学科文库"，"北大外国语言学研究丛书"成为其中一套丛书，这让从事外国语言学研究的北大学者感到十分振奋。这是一个开放的外国语言学学术高地和研究平台，重积累、求创新、促发展，将汇聚北大外语学科从事语言学研究的学术骨干力量，努力奉献代表北大水平、具有学术引领作用的创新性研究成果，加强与国际国内同行的交流，展示北大外语学科的整体实力和研究特色，为拓展和深化当代外国语言学研究、推动中国语言学研究做出自己的贡献。我们将努力把本套丛书打造成为体现北大外语学科独特的学术个性和卓越的学术贡献的标志性品牌。

本套丛书的研究和出版得到了北京大学、北京大学外国语学院以及北京大学出版社的大力支持，在此表示衷心的感谢和诚挚的敬意。

宁　琦　高一虹
2016 年 7 月

目录

序章
我的日语复合格助词情结……………………………………… 1

第一章
迄今为止的日语复合助词研究………………………………… 10

第二章
日语的格标志与日语复合格助词之位置研究
——兼顾与中文的对比………………………………………… 26

第三章
日语复合格助词的语法特点和语义特征……………………… 38

第四章
形态、语法、语义、翻译与日语复合格助词研究…………… 50

第五章
充当句子实际主语的复合格助词……………………………… 62

第六章
充当句子实际宾语的复合格助词……………………………… 73

第七章
充当句子实际补语的复合格助词
　　——「をもって」的语法特点和语义特征………………… 86

第八章
复合格助词与单一格助词的融合及分工……………………… 98

第九章
复合格助词之间的对比研究…………………………………… 106

第十章
日语复合格助词的连体与连用的转换
　　——以「Nに対して…」转换为「Nに対するN」为中心……… 114

第十一章
相当于复合格助词的表现形式………………………………… 128

第十二章
复合格助词与语法化和主观化………………………………… 141

第十三章
与从事语言研究的年轻学者共勉……………………………… 154

参考文献…………………………………………………………… 157

序章

我的日语复合格助词情结

第一节 点滴成果

我的日语复合格助词情结始于1997年。那时，我正在筑波大学文艺言语研究科日本语学研究室攻读语言学博士，同年2月，我撰写的论文《论复合助词"として"的诸种用法》[①]为筑波大学校刊《日语和日本文学》（24号）所采用，这是我在日语复合格助词研究方面发表的第一篇学术论文。

此后二十多年来，围绕日语复合格助词研究，我共出版学术著作两部，承担教育部人文社会科学研究一般项目和国家社会科学基金项目共计两项，发表学术论文近三十篇，具体如下：

著作：

1.《日语复合格助词和汉语介词的比较研究》，北京大学出版社，2002年；

---

① 複合助詞「として」の諸用法，『日本語と日本文学』24号，筑波大学国語国文学会,1997。

2.《日语复合格助词与语法研究》①，深圳报业集团出版社，2011年。

科研项目：

1."日语复合格助词在语法结构中地位的研究"，2008年度教育部人文社会科学研究一般项目；

2."日语复合格助词研究"，2010年度国家社会科学基金项目。

主要学术论文：

1. 日语复合格助词"に対して"和单个格助词"に"的替换使用，《语言学研究》第3辑，高等教育出版社，2004

2. 日语复合格助词「にむかって」的句法特点与语义特征，《外语研究》2009年第6期

3. 日语复合助词研究值得期待，《中国社会科学报》2016年9月13日

4. 试论日语宾语的表现形式及与汉语的比较，《日语研究》第3辑，商务印书馆，2005

5. 试论日语复合格助词"について"与汉语介词"关于"的对应关系，《汉日语言研究文集》五，北京出版社、文津出版社，2002

6. 试论日语复合助词「としては」以表示句子实际主语的用法和表示比较基准的用法为例，《东方研究》，经济日报出版社，2007

7. 现代日语「としては」的主观化，《认知语言学入门》，外语教学与研究出版社，2008

8. 现代日语复合格助词研究，《深圳大学学报（人文社会科学版）》2010年第6期

9. いわゆる連用から連体への転換について——「Nに対して…」から「Nに対するN」へを中心に，《日本学研究》，学苑出版社，2006

10.「立場・資格」を表す「として」の用法について——「に・で」との比較を中心に，『筑波日本語研究』第二号，筑波大学日本語学研究室，1997

---

① 该著作为2008年度教育部人文社会科学研究一般项目的最终成果（项目名称："日语复合格助词在语法结构中地位的研究"，项目批准号：08JA740002，项目负责人：马小兵）。

11. 中国語の介詞"作爲"と日本語の複合格助詞「として」,『日中言語対照研究論集』第4号,日中言語対照研究会,白帝社,2002

12. 中国語の介詞"作为"と日本語の複合格助詞「として」の対照研究,『日本言語文化』第31輯,2015

13. 中国語の介詞"对于"と日本語の複合格助詞「にとって」,『日中言語対照研究論集』第6号,日中対照言語学会、日本白帝社,2004

14. 中国語の"对+N1+的+N2"と日本語の「N1に対するN2」について,『文教大学文学部紀要』,第16-1号,2002

15. 日语复合格助词「について」的语法特点,『言語文化研究科紀要』創刊号,文教大学大学院,2015

16. 日本語の複合格助詞「に対して」と中国語の介詞"対",『文教大学文学部紀要』第16-2号,2003

17. 日本語の複合格助詞について,《孙宗光先生喜寿纪念论文集:日本语言与文化》,北京大学出版社,2003

18. 日本語の複合格助詞「について」と中国語の介詞"关于"——その対応関係を中心に,『日本語と日本文学』34号,筑波大学国語国文学会,2002

19. 日本語の目的語の表現形式について,『日本学報』第64輯,韓国日本学会,2005

20. 複合格助詞「をもって」について,『筑波日本語研究』第16号,筑波大学日本語学研究室,2012

21. 複合辞「としては・にしては・にしてみれば」について,《日本学研究:2008年上海外国语大学日本学国际论坛论文集》,上海外语教育出版社,2008

22. 複合辞「にしてみれば」について,《日本语言文化研究:北京大学日语学科成立60周年国际研讨会论文集》第八輯,学苑出版社,2008

23. 複合助詞「として」の諸用法,『日本語と日本文学』24号,筑波大学国語国文学会,1997

24. 複合助詞「としては」と「にしては」について,『日本語と中国語と』,学苑出版社,2007

25. 複合動詞「にしては」の意味と用法——名詞句（名詞句＋にしては）を中心に，《当代日本语学研究：北原保雄博士业绩纪念论文集》，高等教育出版社，2003

26. 方向を表す複合格助詞について，『筑波日本語研究』第十四号，筑波大学日本語学研究室，2010

27. 方向を表す複合助詞「に対して」と「にむかって」について，《日本学研究：二零零九上海外国语大学日本学国际论坛纪念论文集》，华东理工大学出版社，2009

第二节　同行的认可

在语言学研究中，我的主要研究方向是日本语学，在日本语学研究中，我最关注的是语法，在语法研究中，我选择格助词，尤其是复合格助词作为主要突破对象。这是因为，复合格助词在日本语法学家中没有得到足够的重视，是日语语法研究的一个空白。多年来，日本语法学家主要精力集中在单一格助词的研究上；部分日本语法学家甚至认为日语复合格助词的群体不像单一格助词那样固定。

我对日语复合格助词的认识如下：第一，日语复合格助词在数量上超过单一格助词[①]；第二，除去被正式认定为复合格助词的群体外，还有数量众多的复合助词在句子当中发挥着与格助词同样的作用；第三，复合格助词既具有和单一格助词同样的语法功能，又具备单一格助词所没有的功能，表达独特的语义；第四，日语复合格助词是日语非文学文本所不可缺少的表现形式，其研究成果有助于提高日语学术性和科技性文章等非文学文本翻译的准确性；第五，日语复合格助词在日语教学中属于难点，对日语复合格助词的研究将大幅度提高日语教学水平。

日语复合格助词这一研究选题是我在日语研究和教学实践中体会和总

---

① 日本日语教育学会编《日语教育事典》2005年版将下列日语词汇列为复合格助词，包括「に対して・にとって・について・につき・によって・をもって・にかけて・にわたって・として・を問わず・において」等。

结出来的。在这方面的所有成果，都是我对大量日语语料进行分析得出的实证性结论。这些成果发表以后，得到了国内外日语语法界同行的认可。

国内外很多日语复合格助词的研究著作和论文都采纳了我的主要观点，引用了我的科研成果。日本大东文化大学教授田中宽所著《从复合助词的角度考察日语语法研究》[①]（2010）把我的7篇论文指定为参考文献；另外，日本东京外国语大学教授铃木智美等（2007）[②]等均大段引用我的科研成果，包括学术观点和语言材料。

二十多年来，我在日语复合格助词研究方面取得了一些成绩，主要成绩如下：

2002年12月，我的博士论文《日语复合格助词和汉语介词的比较研究》由北京大学出版社出版；2005年，该书获得第四届"孙平化日本学学术奖励基金"专著类三等奖（省部级）；2005年，我撰写的学术论文《汉语介词"对于"和日语复合格助词"にとって"》[③]（2004年）获得第一届北京大学日本学研究卡西欧学术（论文）奖；2010年，我撰写的学术论文《日语复合格助词「にむかって」的句法特点与语义特征》（《外语研究》2009年第6期）获得2010年度北京大学卡西欧奖教金教师论文奖；2008年，我申报的"日语复合格助词在语法结构中地位的研究"课题，获准为2008年度教育部人文社会科学研究一般项目；2010年，经国家社科基金学科评审组评审，全国哲学社会科学规划领导小组审批，我申报的国家社会科学基金项目"日语复合格助词研究"获准立项；2015年11月，韩国日本语言文化学会向我颁发了"功劳牌"，表彰我在日语研究以及作为该学会海外评委所做出的贡献。

[①] 田中寛：『複合辞からみた日本語文法の研究』，ひつじ書房，2010。
[②] 鈴木智美ら編：『複合助詞がこれで分かる』，ひつじ書房，2007。
[③] 中国語の介詞"对于"と日本語の複合格助詞「にとって」,『日中言語対照研究論集』第6号，日中言語対照学会，2004。

第三节　感谢与目标

如果说今天我在日语复合格助词研究方面取得了一点成绩的话，那么，我首先要感谢我攻读博士学位期间的导师、曾任筑波大学校长的北原保雄老师，以及筑波大学日本语学研究室的全体老师。我在攻读博士期间，筑波大学日本语学研究室的教师阵容可谓豪华强大，北原老师以外，还有小松英雄教授、森野宗明教授、林史典教授、矢泽真人副教授、大仓浩副教授、桥本修讲师等日语语法学界的大牌教授同时任教。

在筑波大学留学期间，我跟随北原老师学习日本语学，跟随小松老师学习日语音韵，跟随森野老师学习古典日语，跟随林史典老师学习日语史、音韵史，跟随矢泽老师学习现代日语语法，跟随大仓老师学习古日语文献，桥本老师是我的辅导老师，从1991年到2002年，在这12年之久的留学岁月里，我对日语这门语言进行了系统完整的学习和研究。

那时，中国的日语研究还没有形成规模和体系。尽管我在中国国内已经是北京大学日语专业本科和硕士毕业生，并在北京大学从事了几年日语教学，但是，在日语研究方面几乎还是门外汉，对于语言学特别是日语语言学的认识和理解非常浅薄和幼稚，这也导致我在确定自己的研究方向上走过了比较漫长而且艰苦的路程。当时，中国学生大都习惯老师怎么说就怎么去做，没有自己主动思考的习惯。刚到日本的我，提交自己的研究计划后，曾与北原老师有过以下谈话：

"这个（计划）不行，做不成博士论文。"
"那（选择）什么题目合适呢？"
"那就是你的工作了。"
"……？"
"你要提出自己的想法，我的工作就是否定你的想法，如果我否定不了了，那就说明你的想法可行了。"

这个过程还有另外一个原因，我是在中国国内读完的硕士，当时国内相关的文献资料和师资水平远不及现在，北原老师起初希望我在筑波大学最好能够从硕士开始学起，打好基础。由于公派留学的要求，我必须直接

进入博士课程，这点最后得到了北原老师的理解。同时，北原老师要求我在博士阶段首先要把硕士阶段应该接受的基础训练补上，其中一个主要内容就是，学会自己寻找题目，确定自己的研究方向。

在我逐渐理解日本语学，逐步确定自己研究方向的过程中，我自始至终得到了北原老师、筑波大学日本语学研究室的各位老师以及筑波大学其他老师的指导和帮助，使我受益匪浅。其中许多教诲，当时没有完全理解，在后来的日语研究过程中，经常会有恍然醒悟、茅塞顿开之感。

筑波大学是日本语言学、日本语学的研究重镇，从事语言学研究的教师就有100多位。我在筑波大学留学达十余年之久，得以在学术研究上脱胎换骨，觅得语言学研究的真谛，备感取得学术成果的喜悦，也饱尝从事学术研究的艰辛。我在日语复合格助词研究方面发表的第一篇学术论文《论复合助词"として"的诸种用法》[①]（1997），从完成初稿到正式发表一共用了一年半的时间。

当时，在筑波大学日本语学研究室完成一篇论文的大概程序如下：首先，在研究生讨论会上宣读论文初稿并进行细致的探讨，全研究室的同学参加讨论，畅所欲言，共同修改；这一程序完成后，交由桥本修、矢泽真人等年轻老师审阅，此间会反复修改，几易其稿；最后修改稿完成后，提交北原老师把关，通过后再向外推荐。

《论复合助词"として"的诸种用法》最终推荐到筑波大学校刊《日语和日本文学》，由筑波大学应用语言学研究室的砂川由里子老师审稿，图1就是砂川老师当时审过的原稿的一部分。

《论复合助词"として"的诸种用法》这篇论文的学术观点和科研成果后来多次为日语语法学界同行所引用，并被日本通行的教师语法教学参考书——《写给中高级教师的日语语法指南》[②]列为参考文献。自该篇论文发表后，日语语法学界有关复合格助词的学术论文几乎都引用了其学术观点和科研成果以及语言材料，或者将其列为参考文献。

---

① 複合助詞「として」の諸用法，『日本語と日本文学』24号，筑波大学国語国文学会，1997。

② 庵功雄ら：『中上級を教える人のための「日本語文法ハンドブック」』，スリーエーネットワーク，2001年，第54頁。

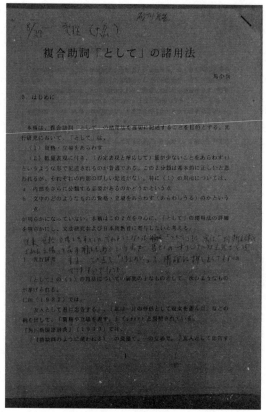

图1 论文原稿

其次,我要感谢我的母校——北京大学。

我1981年考入北京大学,在这里读完本科、硕士,1988年毕业留校从事日语教学工作,1991年由学校公派赴日本筑波大学攻读语言学博士学位。我是在中国教育界发生天翻地覆变化的过程中进入母校读书的,完成本科、硕士学习后,还没来得及为母校的建设添砖加瓦,就远走东瀛,一去就是十余年。2003年我回到了阔别已久的母校,再次登上了北京大学这个内涵极其丰富的讲台。

在北京大学这一学术殿堂,我得以潜心钻研日本语学的研究,不断拓宽留学之成果;凭借着这一平台,我在日语复合格助词研究领域不断进取,先后获准负责教育部人文社会科学研究一般项目和国家社会科学基金项目。

北京大学有中国最优秀的学生群体，面对这样一个优秀群体，每时每刻都会感到莫大的荣光和无限的压力。从2010年起，我在母校开始为研究生讲授"日语助词研究"这门课程，每一次授课我都会有新的体会，每届学生都会给我带来新的灵感和启迪。

2012年北京大学设立日语翻译硕士中心，我担任中心主任，每年都有30名优秀学子来自全国各地。每个学年我都为日语翻译硕士中心的学生讲授"中日语言比较与翻译"课程。在这门课程中，我尝试把语言学的研究成果与翻译实践相结合，深感翻译这个古老的专业在新技术新发明不断涌现的今天已经被赋予了崭新的含义。

去年7月，北京大学日语翻译硕士中心送出第六届毕业生，每当在毕业典礼上，看到身着硕士服、意气风发、蓄势待发的同学们，荣誉和责任交织在一起的感觉扑面而来。

今年是母校建校122周年，我希望母校能够日益辉煌。从自己毕业后的经历来看，几乎都在索取，难言回报母校。在今后的学习研究之生活当中，特别是站在北京大学这个时代赋予自己的舞台上，我将竭尽全力，从日语复合格助词研究这样一个微观领域开始拓展，将荣誉和责任、感谢和目标融为一体，为中国乃至世界日本语学的研究和发展做出微薄之贡献。

第一章

迄今为止的日语复合助词[①] 研究

第一节　国内外有关日语复合助词的研究

1.1 有关复合助词的定义

在日语研究领域，「複合辞」这一用语首先出现在永野（1953）的《表现语法的问题——有关复合助词的认定》[②]一文中。

关于"复合助词"的判断标准，永野（1953）提出了以下三个条件，满足其中一项即可被认定为"复合助词"。

一、复合助词的含义大于各部分复合含义之和。

二、如果复合助词与其他含义相近的助词或复合助词一起使用，其本身将具有特殊含义。

三、复合在一起的各个部分紧密结合在一起。

---

① 由于以往部分研究并没有严格区分复合助词和复合格助词，本章采用复合助词的称谓。

② 永野賢：表現文法の問題——複合辞の認定について，『金田一博士古稀記念言語民族論叢』，三省堂，1953。

然而，在永野（1953）提出"复合助词"这一概念之后，很长时间内没有人将其视为重要的语法问题。

直到1970年以后，人们才开始关注"复合助词"。其中最具代表性的是铃木（1973）[①]中提出的"后置词"，即：

> 一种辅助词语，其本身并不是句子的一部分，且可以和名词格（以及其他具有名词性的词语）组合使用，用以表现名词与句子中其他部分的关系。

此外，砂川（1987）在《有关复合助词》[②]一文中，对复合助词进行了定义与分类，并从含义、句法等方面详细分析了其特征。

1990年以后，学术界对"复合助词"展开了一系列的研究，比如松木（1990）的《试析复合助词的认定标准及尺度设定》[③]一文。

松木（1990）将"从形式整体来看，具有超出其构成要素含义之和的独特意义""不论从形式上还是意义上，都具有辞的功能"视为复合助词的认定标准，并从形式上将复合助词分为以下三类：

> 第一类——只由两个以上助词、助动词复合而成的词。
> 第二类——以缺乏实质意义的形式名词为中心复合而成的词。
> 第三类——以缺乏实质意义的用言（形式用言）为中心复合而成的词。

1.2 关于复合助词研究的部分重要著作与资料

一、复合助词研究的代表性研究著作：

1. 森田、松木（1989）《日本語表現句型》[④]。

该书将具有助词相同功能的日语表达形式细分为：格助词、系助词、

[①] 铃木重幸：『日本語文法・形態論』，むぎ書房，1973。
[②] 砂川有里子：複合助詞について，『日本語教育』62号，1987。
[③] 松木正惠：複合辞の認定基準・尺度設定の試み，『早稲田大学日本語教育センター紀要』2，1990。
[④] 森田良行、松木正惠：『日本語表現文型』，アルク株式，1989。

副助词、接续助词、并立助词、终助词等,详细阐述了复合助词的相关内容。

2. Group JAMASII编（1998）《日本语句型辞典》①。

该书囊括了大量的日语惯用语,是惯用语表达形式的大成之作。

3. 藤田、山崎编（2006）《复合助词研究的现状》②。

该书体现了当时复合助词研究的最新成果,包括以下三个部分：

第一部分是"复合助词研究的发展与问题",简要回顾了复合助词的研究历史。第二部分是研究论文集,收录了15名学者有关复合助词的研究论文,共14篇。第三部分是资料篇,归纳汇总了"有关复合助词研究的文献目录"。

4. 铃木等编（2007）《这样理解复合助词》③。

该书为学习"复合助词"语法书,从初级日语到中级日语涵盖19个复合助词。

5. 藤田编（2013）《形式词研究论集》④。

该书的研究范围从复合助词扩展到形式词,收录了17位学者的17篇研究论文,内容涉及现代日语、古典日语、与朝鲜语的对照研究、方言研究等,拓展了复合助词的研究领域。

二、复合助词研究的代表性研究资料：

1. 山崎（2006）《现代语复合助词实例集》⑤。

1996年,日本语言学界首次举办了有关复合助词的研讨会。此后,该研讨会每年举行,该书收录了上述会议1996年至1999年的相关成果。

2. 山崎、藤田（2006）《有关复合助词研究的文献目录》⑥。

---

① グループ・ジャマシイ編：『日本語文型辞典』,くろしお出版,1998。
② 藤田保幸、山崎誠編：『複合辞研究の現在』,和泉書院,2006。
③ 鈴木智美ら編：『複合助詞がこれで分かる』,ひつじ書房,2007。
④ 藤田保幸編：『形式語研究論集』,和泉書院,2013。
⑤ 山崎誠：『現代語複合辞用例集』,国語研,2006。
⑥ 山崎誠、藤田保幸：複合辞関係文献目録,『複合辞研究の現在』,和泉書院,2006。

该项研究详细汇总了截至2006年的、有关日语复合助词研究方面的最为详尽全面的研究资料。

3. 田中（2010）《有关复合助词研究的文献目录》[①]。

该项研究详细汇总了截至2010年有关日语复合助词研究方面最为详尽的资料。

1.3 中国有关日语复合助词的研究

在中国，有关日语复合助词的研究较为零散，虽然断断续续有相关的论文发表，但是，大多数内容为对日语复合助词研究的介绍，缺乏系统性。

胡振平编著的《复合辞》（外语教学与研究出版社，1998）、高化编著的《现代日语助词与复合助词》（山东教育出版社，2003）和马小兵著《日语复合格助词和汉语介词的比较研究》（北京大学出版社，2002）等学术著作介绍了日本日语学界对复合助词的研究状况，并对复合助词用法有一定的论述，但是，在日语复合助词的整体研究方面尚属空白。

第二节 近十年国内外日语复合助词研究的新趋势

近十年，无论是在日本，还是在中国，有关日语复合格助词的研究，都有了长足的发展。其中一个显著的特点就是，在该研究领域不仅有单篇的学术论文发表，而且也有论述复合格助词的学术专著问世。

在此之前，即使是在日本，专门论述复合格助词的著作也很罕见。尽管有上述藤田、山崎（2006）、铃木等（2007）和藤田（2013）等学术著作出版，但是，上述研究也只不过是把当时有关复合助词研究的学术论文汇编在一起，属于该研究领域学术论文的汇总，对复合助词特别是复合格助词的全面系统性的研究尚属空白。

在中国，上述胡振平编著的《复合辞》（外语教学与研究出版社，

---

① 田中寛：複合辞関係文献目録，『複合辞からみた日本語文法の研究』，ひつじ書房，2010。

1998）、马小兵著《日语复合格助词和汉语介词的比较研究》（北京大学出版社，2002）、高化编著的《现代日语助词与复合助词》（山东教育出版社，2003）也仅仅是介绍了日本日语学界对复合格助词的研究状况，或者是从汉日对比方面对复合格助词用法进行一定的论述，同样缺乏对复合格助词的整体研究。

任何一个领域、任何一个学科，衡量该领域或学科的发展水准的重要标志之一就是是否有系统综合性研究成果问世。

以下本书按照出版时间顺序，对近十年问世的《现代日语助词性机能辞研究》《从复合助词的角度考察日语语法研究》和《日语复合格助词与语法研究》等专门论述日语复合格助词的国内外具有代表性的学术专著逐一进行介绍，并阐明本书的立场。

2.1《现代日语助词性机能辞研究》

2.1.1 主要内容

2009年，上海外国语大学的年轻学者毛文伟在其博士论文的基础上撰写了专著《现代日语助词性机能辞研究》[①]。

该书共九章，内容如下：

第一章"序论"（序論），介绍了该项研究的目的和方法，就该项研究所依据的具体语言材料——语料库的构成以及具体数据的分析方法进行了说明。

该项研究的目的如下：阐明助词性机能辞在现代日语词类系统中的位置，说明其生成的原因以及与语义相近的机能辞表现形式之间的竞争关系，明确机能辞的认定标准，提出机能辞之整体概念。

该项研究的方法如下：为了更加客观地掌握助词性机能辞的使用情况，提高该项研究的可信度，该研究着重利用语料库。该语料库规模约为7600万字，具体构成如下：

---

① 毛文伟：《现代日语助词性机能辞研究》，华东理工大学出版社，2009。

表1 语料库的构成

ジャンル	会話	小説	エッセー	社説・記事	論説文
作品数	58点	594点	69点	*	64点
文字数	345万	3537万	750万	1833万	679万
作家数	36人	136人	33人	*	59人

在上述语料库的构成当中，小说的数量超过其他各种题材。这是因为小说与其他题材相比较，更加接近生活，内容丰富多彩，适合作为考察语言使用情况的具体素材。为了便于对助词性机能辞进行历时性考察，该研究将上述语料库中的小说题材以10年为单位进行了细化，具体如下：

表2 语料库小说题材相关统计

時代	1900	1910	1920	1930	1940	1950	1960	1970	1980	1990
作品数	44点	82点	83点	47点	31点	44点	122点	55点	42点	44点
文字数	178万	366万	177万	234万	128万	230万	666万	677万	497万	377万
作家数	10人	18人	17人	25人	24人	24人	36人	49人	39人	36人

第二章"所谓机能辞的定义"（いわゆる機能辞の定義づけ），纵观以往研究，指出问题所在，提出机能辞之概念，创新日语的词类体系。

首先，回顾了以永野（1953）、铃木（1973）、砂川（1987）、松木（1990）等为代表的以往有关日语复合助词的代表性研究。

其次，指出在以往有关日语复合助词的研究中存在以下两方面的问题：

其一，所谓复合的概念难以成为区分已有的助词、助动词和复合助词的标准。

其二，有些情况无法使用复合助词的概念解释。

该书所主张的机能辞定义如下：在句子中主要起着功能词的作用，但

又未被认同为已有的助词、助动词的日语表现形式的总称。

该书认为，在日语的词类体系当中，功能词之下可以分为机能辞和已有的助词、助动词两大类；机能辞又可以再划分为助词性机能辞和助动词性机能辞，而该书主要考察前者。

第三章"日语实词（包括已有的助词助动词）与功能词的转换机制和机能辞之分类"（日本語詞辞転成のメカニズムと機能辞の内訳），阐明日语实词与功能词转换之机制，考察实际转换的三种途径，并根据其异同，对机能辞进行分类。

具体探讨了日语实词、机能辞和已有的助词、助动词之间的转换机制，指出机能辞的形成有以下三种途径：其一，源于词语的语法化，包括名词、动词和形容词的语法化；其二，源于词语的衰退所形成的残留形式；其三，源于词语的形式化。

第四章"机能辞之语法化——名词篇"（名詞を中心とした機能辞の文法化），以机能辞「とたん（に）」为例，考察名词的语法化过程。从历时的角度出发，对与「とたん（に）」相关的诸种机能辞的竞争关系进行归纳整理，分析「とたん」的语法化过程，阐明其特征。

第五章"机能辞之语法化——动词篇"（動詞を中心とした機能辞の文法化），以机能辞「と思うと」为例，考察动词的语法化过程。从历时的角度出发，对与「と思うと」相关的诸种机能辞的竞争关系进行归纳整理，分析「思う」的语法化过程，阐明其特征。

第六章"近义机能辞之竞争和机能辞化分析"（類義機能辞の競合と機能辞化分析），首先从历时的角度观察「とたん（に）」「と思うと」「や否や」和「が早いか」等语义相近的机能辞之间的竞争关系，通过功能上的差异，阐明优胜劣败之缘由。另外，以上述机能辞以及助词形式化所产生的「からには」为例，对所谓机能辞化进行分析，探讨其共同点，总结归纳其认定标准。

第七章"助词性机能辞的认定标准"（助詞性機能辞の判定基準），总结以往研究，基于机能辞形态的特殊化、机能辞前续表现形式的特定化以及机能辞对后续表现的诱导作用三种情况，明确日语助词性机能辞的特征，设定其认定标准。

第八章"助词性机能辞的分类"（助詞性機能辞の内訳），基于第七章提出的认定标准，验证日语各种表现形式的机能辞程度，筛选出符合机能辞的表现形式，据此，提出助词性机能辞的整体概念。

第九章"结束语"（結語），对全书内容进行总结，指出遗留问题，明确今后之课题。

2.1.2 突出贡献

综上所述，本书认为毛文伟的著作对于日语语法，特别是复合助词研究的贡献主要表现如下：

第一，纵观迄今为止有关日语复合助词的研究，除本章所列著作外，包括代表性论文，绝大多数都只是限于对单个复合助词的论述，缺乏对日语复合助词这一群体的综合性研究。毛文伟的著作重点阐明助词性机能辞在现代日语词类系统中的位置，说明其生成机制及原因，同时明确机能辞的认定标准，提出机能辞之整体概念。因而，可以说毛文伟的著作是在日语复合助词研究方面展开综合性研究的一次尝试，该项研究不仅在中国日语学界，就是在日本日语学界也属于首创。

第二，在迄今为止日语复合助词的研究中，无论是日本学者还是中国学者，无论是语言学专著还是辞典或者学术论文，基本都是基于现代日语的范畴，这样得出的结论本身就带有一定的局限性。毛文伟的著作从历时的角度对机能辞进行较为全面的考察，开创了有关日语复合助词的历时性研究的先例，也从客观上提高了该项研究的可信程度。

第三，按照迄今为止日语复合助词研究的观点，普遍认为所谓复合助词是在句子中起着功能词作用的表现形式的总称，这种表现形式通常是由包括实词、功能词等在内的几个不同要素组成的一个固定成分。然而，上述观点存在着一定的盲点，即在日语句子中，如：复合助词「とたんに」中的「に」脱落，就会变成名词「とたん」；再如：「一方」「以上」「瞬間」等日语名词实际上有时完全起着功能词的作用。这一现象以往研究有所涉及，毛文伟的著作明确说明上述日语名词在句子中实际上是可以发挥功能词的作用，将上述日语名词的功能词表现纳入机能辞的用法之一。

第四，毛文伟的著作所利用语料库之充实，语言材料之丰富，是迄今为止在该领域研究中所没有过的，为日语复合助词的研究提供一个更为广阔的空间。

2.1.3 今后课题

毛文伟的著作开辟了日语语法研究，特别是日语复合助词的研究的新途径。然而，有关下列问题，还是值得进一步商榷和探讨。

第一，毛文伟的著作提出机能辞之概念，创新日语的词类体系，认为在日语的词类体系当中，功能词之下可以分为机能辞和已有的助词、助动词两大类；机能辞又可以再划分为助词性机能辞和助动词性机能辞；助词性机能辞又包括格机能辞、接续机能辞、副机能辞和终机能辞。

然而，在论述过程中，所涉及的例句和句式大多属于所谓接续机能辞，这样，就在客观上使所得出的结论带有一定的局限性。如果能够从格机能辞、接续机能辞、副机能辞和终机能辞等多角度对助词性机能辞进行综合性论述，那么，所得出的结论将更加客观，更具有说服力。

第二，有关日语助词性机能辞，或者称之为复合助词，对于这样一个数量庞大的、功能上与助词等功能词相似的表现群体，是否应该从其在句子当中的具体作用和语义特征进行分析。具体地说，首先，对日语助词性机能辞的基本意思和用法进行归纳和整理；其次，在完成上述基础性研究的前提下，通过是否可以与助词替换使用，将日语助词性机能辞分为两大类。

第三，针对可以替换的助词性机能辞，逐一与助词进行比较，在两者能够替换使用时，重点分析两者之间的不同和内在联系，即助词性机能辞与助词替换使用的条件和限制，指出替换使用后助词性机能辞所显示的特殊含义，从而明确这一类助词性机能辞的特点。

第四，针对不可替换的助词性机能辞，阐明其出现的环境、特定的含义和具体的种类，从而明确该类助词性机能辞的特点。

第五，分析归纳上述两类助词性机能辞的异同，对整个日语助词性机能辞进行系统性定位，明确其语法结构、特有含义、使用条件。

2.2《从复合助词的角度考察日语语法研究》

2.2.1 主要内容

2010年，日本大东文化大学教授田中宽出版了《从复合助词的角度考察日语语法研究》[①]一书，这是一部超过600页的鸿篇巨制。全书内容大致可分为接续表达（状语从句）和句尾表达两大部分，涉及的复合助词和相关表达形式超过1000种。该书章节结构如下（详细目录超过15页，在此省略二、三级标题，只列出各章标题）：

序章　从复合助词的角度考察日语语法研究——寻找句型研究与语法研究的结合点
第一部分　接续表达，状语从句的各种形态（一）
第1章　动词テ形后置词的分类与语义功能——功能认定与样态含义的各种形态
第2章　表示渐进性和相关关系的后置词——以「につれて」「にしたがって」等为中心
第3章　表达「きっかけ」（契机）的句子结构——关于"近义词"和"近义句型"的考察
第4章　结果诱导从句中的话语意图——围绕主观评价的考察
第二部分　接续表达，状语从句的各种形态（二）
第1章　レバ条件句的语境含义——逻辑关系和从句、句尾叙述之结构
第2章　近似连体从句和从句接续成分——以「理由で」「代わりに」「反面」等为中心
第3章　表示「瞬間」（瞬间）和「同時」（同时）的复合助词——事态发生的偶发性与任意性
第三部分　句尾表现与语气的结构（一）
第1章　考察「しかたがない」和「やむをえない」——围绕

[①] 田中寛：『複合辞からみた日本語文法の研究』，ひつじ書房，2010。

"领悟"

第2章　表达条件与可能性／或然性的语气——「かもしれない」「かねない」及其周边表达

第3章　确信与准确性判断的联系——以「にちがいない」和「はまちがいない」为中心

第4章　从语言行为论角度看话语行为与语法——以"禁止"类句式为中心

第四部分　句尾表现与语气的结构（二）

第1章　表示心理表现与评价判断的语气（1）——以命题的评价性为中心

第2章　表示心理表现与评价判断的语气（2）——从"引用"观点进行考察

第3章　否定形句尾表现的含义与功能（1）——各种形态的判断／评价表现方式

第4章　否定形句尾表现的含义与功能（2）——否定形式的逻辑结构与逻辑含义

附章　名词谓语句与"说明"类语气表现——从「ことだ」「ものだ」到「寸法だ」「毎日だ」

2.2.2 突出贡献

第一，丰富的实例，详尽的资料。

日语附属词范围极广，很难进行整体的宏观把握，此书以庞大的日语附属词为对象，使用实例超过3000句，对日语附属词进行了细致入微的考察，对日语语法研究的贡献已经超越了复合助词领域。

此书附有"复合词研究文献目录"，分为《出现在从句句尾的复合助词》《出现在句尾的复合助词》《与复合助词研究有关的其他研究文献、参考文献》和《辞典、参考书籍》四部分，第一部分和第二部分还附详尽的细目，便于查找以往复合助词研究成果。

第二，对日语教育的贡献。

该书作者依靠自身多年的日语教育经验，探索实践性教育语法，提出

要"通过句型研究重新认识语法"。本书以复合助词为切入点展开日语语法研究，作者将上述理念具体具象化。作者在列举表达句型时，不拘泥于其是否属于复合助词，而是广泛选取近义的固定表达群体，明确描述出各个表达形式的异同，有利于促进日语教育的发展。

此外，该书提出必须在具体情境中，多功能地理解一个句型，以"结构句型→表达句型→功能句型"的形式全方位地理解把握句型。所谓功能句型，是指在对人功能和语境谈话中，重视预测功能。如「ほうがいい」在上文中有所显示，下文就会出现"比较／选择→劝告／警告→判断／评价"之含义。

第三，从带有连体修饰从句的名词到副词性接续成分的转变。

该书第二部分第2章，阐述了带有连体修饰从句的名词转变为副词性接续成分的现象。即"近似连体从句"自身带有连体修饰从句，对于主句起到连用修饰从句（副词从句）的功能。在此前的复合助词研究中，涉及"近似连体从句"，一般都会提到「ために、おかげで、癖に、ところで、ものを、かぎりは、以上は、あげくに、わりに、そばから、どころか」等以形式名词为中心的复合接续助词。该书广泛收集了各类名词，其中包括部分几乎一直保持着实际含义的名词：

デ格「調子で、様子で、姿勢で、しぐさで、つもりで、理由で、目的で、疑いで、関係で、方法で」

ニ格「ついでに、代わりに、通りに、証拠に、しるしに、お詫びに、機会に、とは裏腹に、たびに」

零格「一方（で）、他方（で）、反面、一面、かたわら、がてら、かたがた、分、が最後」等。

第四，复合助词的语法化。

该书以语法化与隐喻化为中心，对动词テ形后置词进行了说明，论述了"と思うと"的语法化、语法化的名词谓语句等内容。该书还使用"复合助词化"的表述，对「にちがいない」和「の／ことは間違いない」进行比较，指出"如果一个表达形式中很难介入「の」或「こと」，则这个表达形式的复合助词化程度就更高"；另外，该书通过比较「ないではすまない」和「ずにはすまない」，认为与否定形式结合后，复合助词化程度

会更高。

2.2.3 今后的课题

第一,该书错误较多。不仅是单纯的印刷错误,内容方面也常常出现错误,例如:表达方式或例句重复、内容矛盾等。

第二,该书以复合助词为主线,展开日语语法研究。然而,作者将考察的重点置于构成副词从句的"复合格助词""复合接续助词"和构成句尾表现的"复合助动词",没有严格区分是否属于复合助词。

2.3 《日语复合格助词与语法研究》

2.3.1 主要内容

马小兵多年来一直致力于日语复合格助词的研究,2002年出版过《日语复合格助词和汉语介词的比较研究》[①],时隔10年,再次出版了《日语复合格助词与语法研究》[②]。

全书共十四章,内容如下:

第一章综述了中日两国日语复合格助词的研究现状。

指出当前要务就是突破《日语教育事典》认定的日语复合格助词的范围,扩大到包括在功能和用法上相当于日语单一格助词的复合表现形式。在日语的实际使用当中,上述复合表现形式占有很大比重,涉及日语句子的各个层面。

第二章阐述了复合格助词的基本定义以及该书的认定标准,在以往研究的基础上提出了两个标准:

第一,判断认定对象(的复合结构)是否具有"相当于单一格助词"的功能,其所含动词部分是否丧失了实质性意义。

第二,判断认定对象(的复合结构)是否具有与单一格助词同样作用。

第三章介绍了日语复合格助词的分类。

---

① 马小兵:《日语复合格助词和汉语介词的比较研究》,北京大学出版社,2002,第244页。

② 马小兵:《日语复合格助词与语法研究》,深圳报业集团出版社,2011,第233页。

根据复合格助词在句法和语义上所发挥的功能，将复合格助词分为表示动词所要求的格关系的复合格助词和专门表示一定语义的复合格助词。

第四章到六章分别论述了「に対して」「にむかって」和「にむけて」的语法特点和语义特征。

对「に対して」「にむかって」「にむけて」构成的句子进行分类，从句法特点和语义特性等方面对上述三个复合格助词进行论述；对上述三个复合格助词和单一格助词「に」之间替换使用的条件、限制以及替换造成的细微差别进行了说明。

第七章从语法特点和语义特征等方面对表示方向的「に対して」「にむかって」「にむけて」三个近义复合格助词进行了比较。

第八章对日语复合格助词「にとって」和汉语介词"对于"进行了对比研究。

第九章到第十二章分别论述了「として」「としては」和「にしては」的语法特点和语义特征。

第十三章从形态、语义、语法三方面论述了「としては」「にしては」「にしてみれば」的异同。

第十四章阐述了对日语复合格助词的整体认识。

2.3.2 主要贡献

第一，明确日语复合格助词的定义。

以往研究对于复合格助词的定义没有形成一个明确的标准，导致一些明显不属于复合格助词的表达方式也被划归到复合格助词的范畴，对日语教学和学习造成困扰。该书针对上述情况，详细梳理了以往有关复合格助词的研究脉络，提出了新的定义标准，即按照该复合结构是否具有"相当于单一格助词"的功能，其所含动词部分是否丧失了实质性意义，以及判断该复合结构是否具有与单一格助词同样作用的两大标准，从而使复合格助词这一概念范围更加清晰明确。

第二，对复合格助词的分类。

该书将复合格助词分为两大类：

第一类，在一定条件下可以与单一格助词替换使用，充当句子的格成

分，语义特征上区别于单一格助词；

第二类，无法与单一格助词替换使用，不充当句子的格成分，在句子中主要充当副词性成分。

上述分类方法有益于复合格助词的系统研究，使复合格助词研究成为一个有机联系的整体，在区分近义复合格助词、与单个格助词的替换以及与汉语介词的对比等方面效果显著。

2.3.3 今后的课题

第一，有关复合格助词的分类标准，"所含动词部分是否丧失了实质性意义"尚可继续深入探讨。这一点涉及语法化，即参与组成复合格助词的动词部分在是否保留其实质性意义上有程度之分。

第二，复合格助词的语义通常较单个格助词丰富，这些语义与原来的动词意义具有怎样的关联。

第三节　本章总结

毋庸置疑，上述三部学术著作把日语复合格助词研究推进到了一个新的高度。然而，毛文伟的《现代日语助词性机能辞研究》偏重于复合接续助词；田中宽的《从复合助词的角度考察日语语法研究》过于兼顾所有复合助词、复合助动词和连体从句；马小兵的《日语复合格助词与语法研究》尽管从复合格助词的认定、分类、类比和替换等角度，展现了复合格助词研究的新视角，但是，还是缺乏对日语复合格助词的专门系统研究。

本书为了弥补上述日语复合格助词研究领域的空白，从以下方面对日语复合格助词展开论述：

第一章，迄今为止的日语复合助词研究；
第二章，日语的格标志与日语复合格助词之位置研究；
第三章，日语复合格助词的语法特点和语义特征；
第四章，形态、语法、语义、翻译与日语复合格助词研究；
第五章，充当句子实际主语的复合格助词；

第六章，充当句子实际宾语的复合格助词；
第七章，充当句子实际补语的复合格助词；
第八章，复合格助词与单一格助词的融合及分工；
第九章，复合格助词之间的对比研究；
第十章，日语复合格助词的连体与连用的转换；
第十一章，相当于复合格助词的表现形式；
第十二章，复合格助词与语法化和主观化。

以上内容是我20年来从事日语复合格助词研究的总结，也从一个侧面反映了我个人的最新研究成果。

助词是日语语法的精髓，复合助词、复合格助词数量庞大，用法复杂，几乎涵盖日语的每一个层面。对貌似杂乱无章的日语复合助词、复合格助词进行整理归纳，总结出其中带有规律性的东西，是日语研究者的天职，也是使命。

选择日语复合格助词作为研究对象是我的一种尝试，假如我的这种尝试能够把其中一些带有规律性的东西归纳总结出来，为日语研究和日语教学尽微薄之力，那么，这是从事日语语言研究者的追求，也是我个人的荣幸。

第二章

日语的格标志与日语复合格助词之位置研究
——兼顾与中文的对比

第一节 日中两种语言的格标志

日语句子中，名词的使命是表示该名词与谓语（主要是动词）之间特定的语法关系，在语言学上把这种关系称之为格。

在日语中，所谓格标志是由单一格助词和复合格助词来完成的。

单一格助词包括：

「ガ格、ヲ格、ニ格、ヘ格、デ格、カラ格、マデ格、ト格、ヨリ格」以及「ゼロ格」。

有关日语复合格助词，日本日语教育学会编《日语教育事典》（1982年版）[①]将下列日语词汇列为复合格助词，包括：

「～において・～について・～に当たって・～に際して・～に

---

① 日本語教育学会編：『日本語教育事典』，大修館書店，1982。

関して・〜に対して・〜にとって・〜にわたって・〜によって・〜をおいて・〜を指して・〜をして・〜を目指して・〜をもって・〜でもって・〜として・〜のために・〜のくせに・〜のおかげで・〜のせいで・〜といっしょに・〜とともに」等。

塚本（1991）[①]将下列日语词汇列为复合格助词，包括：

（ア）a 〜において、〜について、〜に当たって、〜に際して、〜に関して、〜に対して、〜にとって、〜にわたって、〜によって

b 〜をおいて、〜を指して、〜をして、〜を目指して、〜をもって

c 〜でもって

d 〜として

（イ）a 〜のために、〜のくせに、〜のおかげで、〜のせいで、

b 〜といっしょに、〜とともに。」

日本日语教育学会编《日语教育事典》（2005年版）[②]将下列日语词汇列为复合格助词，包括：

「に対して・にとって・について・につき・によって・をもって・にかけて・にわたって・として・を問わず・において」等。

有关日语格助词的特征可以概括如下：

1. 只能接在体言[③]或者准体言后面。

「について」「に関して」「に対して」「として」等词只能接在体言或者准体言后面。与此相反，如「行くからには」「行くにしても」所

---

① 塚本秀樹：日本語における複合格助詞について，『日本語学』3月号，明治書院，1991。

② 日本語教育学会編：『日本語教育事典』，大修館書店，2005。

③ 在日语中，体言具有独立词，没有词尾变化，可以作句子主语等特点，一般指名词、代词和数词。

示,「からには」和「にしても」可以接在动词后面,所以将后者视为复合接续助词比较合适。

2. 除去领格助词「の」之外,格助词相互之间不能重叠使用。

如「太郎からにしては」「昼までにしては」所示,日语的「にしては」有时可以接在格助词的后面,所以不应把「にしては」视为复合格助词,而应视为复合提示助词较为合适。

3. 在格助词和副助词可以重叠使用的时候,通常是副助词位于格助词之后。①

4. 在格助词和提示助词可以重叠使用的时候,提示助词必须位于格助词之后。

就「について」「に関して」「に対して」「として」等词而言,如「に対しても」「についてだけ」「においても」「としてさえ」所示,提示助词和副助词通常接续在其后。与此相反,就「をもって」和「のために」等词而言,如「このことだけをもって」「君なんかのために」所示,有时副助词出现在这些词的前面。

另一方面,在汉语中并没有特别区分介词和复合介词。有关介词的定义,赵淑华(1996)指出:"介词在句中是一种关系的标志,它标志着紧跟在后面的词语表示动作行为或状态的时间、处所、方式、条件、对象、原因、目的等。介词和它后面的词语在句中的主要功能是既可以出现在作为中心语的动词(或形容词)前作状语,也可以出现在其后作补语。"②

汉语介词的特征③通常被归纳为以下四个方面:

1. 介词位于介词宾语之前,一般情况下都不能省略或者移动介词宾

---

① 有时也有副助词出现在格助词之前的情况。例如:「その問題だけが解けなかった。」

② 赵淑华:介词和介词分类,《词类问题考察》,胡明扬主编,北京语言学院出版社,1996。

③ 有关汉语介词的特征,参照陆俭明、马真:《现代汉语虚词散论》,北京大学出版社,1985;赵淑华:介词和介词分类,《词类问题考察》,胡明扬主编,北京语言学院出版社,1996;金昌吉:汉语的介词、介词短语与格,《语言研究论丛》第七辑,南开大学中文系《语言研究论丛》编委会编,语文出版社,1997;张谊生:《现代汉语虚词》,华东师范大学出版社,2000。

语。①

2. 介词不能单独使用。

3. 介词不能作谓语。

4. 介词不能和其他介词重叠使用。

就汉语的格标志而言，主要是由虚词特别是由介词来表示。张谊生（2000）把汉语中以介词为标志的格分为以下六类：

A. 主体格：主要以介词"被、叫、让、给、为、由、于"等为标志。

B. 客体格：主要以介词"把、将、管、拿"等为标志。

C. 邻体格：主要以介词"和、跟、与、同、以、用、拿、给、替、对、比、冲、朝、向"等为标志。

D. 时处格：包括以下四种类型。

　　a. 始源格：主要以介词"自、从、打、由、自从、打从、自打、从打"等为标志。

　　b. 经由格：主要以介词"自、从、打、由、自从、打从、沿（着）、顺（着）、通过、经过"等为标志。

　　c. 位置格：主要以介词"在、于、当、趁、乘、距、离、距离"等为标志。

　　d. 目的格：主要以介词"往、向、朝、照"等为标志。

E. 理由格：主要以介词"处、依、以、为、因、因为、由于、按、照、按照、依照、依处、根据、本着"等为标志。

F. 干涉格：主要以介词"关于、至于、对于、对、就、论、拿"等为标志。

当然，按照以上的分类，经常使用的介词往往表示两种以上的格关系。

---

① 如"他被（人）打了"「彼は（人に）殴られた」所示，使用介词"被"的时候，可以例外地省略其介词宾语。

第二节　日语单一格助词与汉语介词的格标志对应[①]

日语表示主格的「が格」与汉语不对应。

例句（略）

日语表示宾格的「を格」有时与汉语介词"把"对应[②]。

(1) 「技術を身につける。」
　　"把技术学到手。"

日语表示补格的「に格」与汉语介词"在""给"对应。

(2) 「東京に住む。」
　　"住在东京。"
(3) 「父に手紙を出す。」
　　"给父亲写信。"

日语表示补格的「へ格」与汉语介词"往、向""给""在"对应。

(4) 「左へまわる。」
　　"向左拐。"
(5) 「友だちへ貸す。」
　　"借给朋友。"
(6) 「ここへ荷物を置いてはいけない。」
　　"不要在这儿放东西。"

日语表示补格的「で格」与汉语介词"在""用"对应。

(7) 「会社で働く。」
　　"在公司工作。"
(8) 「英語で話す。」

---

① 此节仅描写日语单一格助词与汉语介词格标志的基本对应情况，并不包括所有用法。
② 此节所举均为日语单一格助词与汉语介词格标志对应之例句，不包括下列不对应情况：「花を見る」/"赏花"；「家を出る」/"离开家"；「泳いで川を渡る」/"游泳过河"。

"用英语说。"

日语表示补格的「から格」与汉语介词"从""由、用、以"对应。

(9)「新宿から出発した。」
"从新宿出发。"
(10)「米から酒を作る。」
"用米造酒。"

日语表示补格的「まで格」与汉语介词"到"对应。

(11)「6時まで待つ。」
"等到6点。"

日语表示补格的「と格」与汉语介词"和"对应。

(12)「弟と遊ぶ。」
"和弟弟玩。"

日语表示补格的「より格」与汉语介词"比""自、从、由"对应。

(13)「9時より会議がある。」
"从9点起开会。"
(14)「今日は昨日より寒い。」
"今天比昨天冷。"

观察上述例句，日语单一格助词与汉语介词的格标志的对应关系可以概括如下：

1. 所有日语单一格助词都接续在其附属的名词之后，构成名词短语，修饰后续的谓语；所有汉语介词都位于表示介词宾语的名词之前，构成介词短语，修饰后续的谓语。

2. 日语单一格助词与汉语介词的区别是接续在其附属名词之前还是接续在其附属名词之后，在语义上相当接近，对应程度高。

3. 日语单一格助词除去「が格」外，「を格、に格、へ格、で格、か

ら格、まで格、と格、より格」均存在与汉语介词相对应的情况。

4. 虽然日语单一格助词与汉语介词存在相对应的情况，但是，纵观日语单一格助词的所有用法，多数情况不对应。

第三节　日语复合格助词与汉语介词的格标志对应[①]

日语复合格助词「として」与汉语介词"作为"对应。

(15)「わたしとしては（○が）、いつも頭脳を冷静に保たなければならない。」
"作为我来说，就应该时刻保持清醒的头脑。"

(16)「博士は、植物学者として、犯人に怒りを覚えた様子だった。」
"作为一个植物学家，博士对罪犯充满了愤怒。"

日语复合格助词「について」与汉语介词"就、关于"对应。

(17)「この問題について（○を）慎重に検討しなければならない。」
"关于这个问题必须慎重研究。"

(18)「この問題について（×を、×に）、以下の書籍と雑誌を参考にしてよい。」
"关于这个问题，可以参考下列书刊。"

日语复合格助词「に対して」与汉语介词"对、对于"对应。

(19)「党の幹部に対して（○を）批判する。」
"对党的干部进行批评。"

(20)「幸子はこの頃高男に対して（×を、×に）ひどく臆病になっている。」
"幸子近来对高男很发怵。"

[①] 由于日语复合格助词数量较多，这里仅列举代表性例句。

日语复合格助词「にとって」与汉语介词"对（于）……来说"对应。

(21)「年金生活者にとって（×に）インフレは深刻な問題である。」
"对靠退休金生活的人来说，通货膨胀是个严重的问题。"
(22)「度重なる自然災害が国家の再建にとって（×に）大きな痛手となった。」
"接二连三的自然灾害对于国家的重建来说是重大打击。"

日语复合格助词「をもって」与汉语介词"以"对应。

(23)「このレポートをもって（○を）、結果報告とする。」
"以此小论文为最终报告。"
(24)「この書類をもって（○を）、証明書とみなす。」
"以此文件为证明。"

日语复合格助词「にむかって」与汉语介词"朝、向、对"对应。

(25)「彼は私に向かって（○に）うなずいた。」
"他向我点了点头。"
(26)「その鉄の扉は外に向って（×に）開いていた。」
"那扇铁门朝外开着。"

第四节　日语复合格助词「として」与汉语介词"作为"的对应关系

　　以往有关日语格助词与汉语介词的对照研究大多围绕单一格助词展开，日语复合格助词与汉语介词的对照研究并不多见。本节以日语复合格助词「として」与汉语介词"作为"的对比为代表，阐述日语复合格助词与汉语介词之间的对应关系。

「として」和"作为"的对应关系[①]：

一、「として」和"作为"在下列用法上基本对应：

1. 作状语的用法

(27) 「彼はこの帽子を日本の母の形見<u>として</u>二十数年間、大切にとっておいた。」

"他将这草帽<u>作为</u>日本母亲的离别留念，一直细心地保存了二十多年。"

2. 表示句子实际主语的用法

(28) 「私<u>としては</u>、ひとこと挨拶したい。」

"<u>作为</u>我来说，想寒暄几句。"

3. 作定语的用法

(29) 「もし、事実に目をつむれば、われわれは、自分の刑事<u>としての</u>職務を放棄したことになる。」

"如果对事实视而不见，我们就等于放弃了<u>作为</u>刑警的<u>职</u>责。"

4. 表示某种比较标准的用法

(30) 「父は、日本人<u>としては</u>背が高いほうです。」[②]

"父亲<u>作为</u>日本人<u>来说</u>，个子算高的。"

二、作状语时，「として」和"作为"在句法上都可以分为以下三种类型：

1. 表示「として」的前续名词或者"作为"的宾语与句子的主语之间相关联。

(31) 「国鉄は、交通機関<u>として</u>、社会からスピードの向上を要求

---

① 具体参照马小兵：《日语复合格助词和汉语介词的比较研究》，北京大学出版社，2002。

② 引自グループ・ジャマシイ編：『日本語文型辞典』，くろしお出版，1998。

される。」

"国营铁路公司作为交通部门,社会要求它提高(火车)速度。"

2. 表示「として」的前续名词或者"作为"的宾语与句子的宾语之间相关联。

(32) 「これで、今、中河を逮捕すれば、殺人容疑者として拘留することも、起訴することも可能になった。」

"所以如果现在逮捕中河的话,将他作为杀人犯罪嫌疑人拘留和起诉都是可以的了。"

3. 表示「として」的前续名词或者"作为"的宾语与整个谓语部分之间相关联。

(33) 「彼は義務としてその金を返した。」

"他出于义务还清了那笔钱。"

三、在「として」前续名词和"作为"的宾语能够表示哪些句子成分的资格和立场之问题上,两者基本对应。

但是,在表示与句子主语之间的关联时,"作为"有时将其宾语和句子主语的关联表现为"句子的主语像是'作为'的宾语"(「～が～のように」)。与此相反,「として」的前续名词与句子的主语之间无法表示这种比喻关系。

另外,在名词与整个谓语部分之间关联时,「として」的部分用法与汉语的"作为"不对应。即在表示方式和手段的词语中,有些可以充当"作为"的宾语,也有些难以充当。而对于那些不表示方式和手段的词语,虽然有时可以充当「として」的前续名词,但是却难以充当"作为"的宾语。

(34) a "爱情作为陷阱真不知陷害过多少弱女子或女强人。"①
　　a′* 「愛情が落し穴としていったいどのくらいの弱い女性または女丈夫を陥れたか分からない。」
　　a″ 「愛情が落し穴のようにいったいどのくらいの弱い女性または女丈夫を陥れたか分からない。」
　　b 「今度は添田が考える番だった。彼の直感として、村尾芳生は門田書記生から野上一等書記官の最後を聞いていない。」
　　b′* "这一下轮到添田陷入沉思了。作为他的直觉,村尾芳生没有听到门田庶务汇报野上一秘的临终情况。"
　　b″ "这一下轮到添田陷入沉思了。凭他的直觉,村尾芳生没有听到门田庶务汇报野上一秘的临终情况。"
　　c 「急場の医療行政として、月一、二回巡回する保健婦が事件を発見したわけであった。」
　　c′* "作为应急的医疗行政,女保健员每月去风道屯巡回医疗一两次,所以这个事件就被她发现了。"
　　c″ "作为应急的医疗措施,女保健员每月去风道屯巡回医疗一两次,所以这个事件就被她发现了。"

四、关于「として」和"作为"作定语的用法,两者对应。

五、关于表示句子实际主语的用法

在表示句子实际主语时,两者基本对应。但是,「として」以「としては」的形式出现,适应句子较少;"作为"以"作为……来说"的形式出现,适应句子较多。

六、关于表示某种比较标准的用法

两者对应。日语的「として」采用「としては」的形式。汉语的"作为"以"作为……来说"的形式出现。

综上所述,日语复合格助词与汉语介词格标志的对应可以概括如下:

---

① 引自陈淑梅:"作为"的动词用法和介化用法,《汉语学习》1999年第2期。

① 所有日语复合格助词都接续在其附属的名词之后，构成名词短语，修饰后续的谓语；汉语介词则可能以类似"作为……来说"的形式出现，将名词放在中间。

② 日语复合格助词与汉语介词仅仅在接续其附属名词上存在不同，在语义上相当接近，对应程度很高。

③ 日语复合格助词有时与单一格助词相对应，有时并不对应；即使与单一格助词不对应，也与汉语介词对应。

④ 虽然日语复合格助词与汉语介词存在不对应的情况，但是，在语义上对应的情况占主流。

第五节 日语格助词与汉语介词的格标志对应关系

总结本章所述，日语格助词与汉语介词的格标志对应关系可以归纳如下：

一、日语单一格助词标志日语格体制；

二、日语单一格助词除个别以外，基本上与汉语介词对应；

三、日语复合格助词辅助单一格助词，更加完整地标志日语格体制；

四、日语复合格助词与汉语介词存在不对应的情况，但是，在语义上对应的情况占主流。

第三章

日语复合格助词的语法特点和语义特征

第一节 语法特点和语义特征

日语复合格助词的语法特点是指日语复合格助词在句子中可以充当何种语法成分；日语复合格助词的语义特征是指日语复合格助词在表达语义上具有怎样区别于单一格助词的、独有的特征。

有关日语复合格助词的种类，以往研究也曾经有所论述，其代表性研究为塚本（1991）等。塚本（1991）从形态特征和语义特点等角度对日语复合格助词进行了阐述。

所谓"复合格助词"可以分为以下两大类：

第一类是在动词的连用形之后附着「て」，接续于某个单一连用格助词之后所形成的复合格助词；

第二类是在连体格助词或者连用格助词之后接续形式化程度较高的名词，并在之后接续单一连用格助词所形成的复

合格助词。①

　　「複合格助詞」とは、（ア）動詞の連用形に「て」が付着した形態が何か単一の連用格助詞に後続したものと、（イ）連体格助詞或いは連用格助詞にかなり形式化した名詞が続き、またそのうしろに単一の連用格助詞が来たもの、の二つに大別される……

　　（ア）a. 〜において、〜について、〜に当たって、〜に際して、〜に関して、〜に対して、〜にとって、〜にわたって、〜によって
　　　　b. 〜をおいて、〜を指して、〜をして、〜を目指して、〜をもって
　　　　c. 〜でもって
　　　　d. 〜として
　　（イ）a 〜のために、〜のくせに、〜のおかげで、〜のせいで、b 〜といっしょに、〜とともに。」

另外，有关动词结合复合格助词构成补语的问题，塚本（1991）对寺村（1982）②进行了补充。

　　寺村（1982，第179—185页）列举了14种类型的补语形式，指出：无论后续什么样的谓语，这14种类型都为次要补语。由「〜によって」「〜に対して」「〜につれて」「〜に関して」「〜にとって」「〜について」「〜として」「〜とともに」等复合格助词表示的补语也被包含在上述14种类型之中。但是，本书主张根据谓语之不同，有时应该把上述复合格助词中的某几个种类视为必要补语。

　　寺村（一九八二：一七九－一八五）は、どのような述語にとっても副次的であるとする補語を十四種類挙げており、「〜によっ

---

① 中文部分为笔者翻译，下同。
② 寺村秀夫：『日本語のシンタクスと意味』，くろしお出版，1982。

て」「～に対して」「～につれて」「～に関して」「～にとって」「～について」「～として」「～とともに」といった複合格助詞で表示された補語もその中の一つに含まれている。しかし、その複合格助詞の何種類かが、それが取る述語によっては必須補語と見なすべき場合があることを本稿では主張する。

有关复合格助词的语义特点，塚本（1991）侧重强调了以下两点：

第一，根据（复合格助词中所含）动词部分的实质性意义可将复合格助词分为以下三个层次：

  A组（「～に関して」「～に対して」「～を指して」「～を目指して」）为相对保持了动词部分的实质性意义的复合格助词。

  C组（「～において」「～について」「～に当たって」「～に際して」「～にわたって」「～によって」「～をもって」）为在很大程度上失去了动词部分的实质性意义的复合格助词。

  B组（「～にとって」「～をおいて」「～をして」「～でもって」「～として」）为动词部分实质性意义的保留程度介于A组和C组之间的复合格助词。

  Aのグループ（「～に関して」「～に対して」「～を指して」「～を目指して」）は、動詞部分の意味の実質性を比較的保持しているものであるのに対して、Cグループ（「～において」「～について」「～に当たって」「～に際して」「～にわたって」「～によって」「～をもって」）は、かなりそれを欠いてしまっているものである。また、Bのグループ（「～にとって」「～をおいて」「～をして」「～でもって」「～として」）は、AとCの中間に位置付けられているものである。

第二，有关复合格助词和单一格助词的区分使用。

  在既可以使用复合格助词又可以使用单一格助词的情况下，究竟什么时候使用前者，什么时候使用后者呢？关于上述区分使用问题，

本文列举了两组实例进行考察。

具体地说，列举了「～によって」和「に」、「～について」「～に関して」和「を」两组实例，得出以下两点结论：

关于「～によって」和「に」，我们可以通过句中动词以及前置的名词类型等信息对其施动性（Agentivity）进行判断，若施动性较低，则不能使用「に」；

关于「～について」「～に関して」和「を」的使用状况，若前置名词类型的"内容性"较低，则不能使用「を」。

複合格助詞と単一の格助詞のどちらでも用いられるような環境で、いかなる場合に前者を用い、また、いかなる場合に後者を用いるのか、といったその使い分けを、二つの事例を取り上げて考察する。具体的に、「～によって」と「に」、「～について」「～に関して」と「を」を挙げている。結論として、「～によって」と「に」では、動詞や前置される名詞類など文における情報から判断できるAgentivityといった特性が低いと、「に」の方は使えず、また、「～について」「～に関して」と「を」では前置される名詞類の「内容性」といった特性が低いと、「を」の方は使えない、ということが明らかになった。

塚本（1991）主要从形态特征方面，对日语复合格助词进行了分类；在复合格助词语义特征方面，侧重考察了复合格助词中所含动词部分的实质性意义，以及和单个格助词的区分使用。然而，上述研究并没有阐明日语复合格助词在句子中可以充当何种语法成分，也没有说明日语复合格助词在表达语义上具有何种区别于单一格助词的、独有的特征。

本书认为日语复合格助词存在以下两种类型：

第一种类型，融入谓语动词所要求的格体制当中，构成句子的语法成分；

第二种类型，与谓语动词所要求的格体制并不发生关联，主要表示语义。

第二节　构成句子语法成分的复合格助词

本书认为下列日语复合格助词可以与其前续名词构成句子的某一个成分，表示与谓语（主要是动词谓语）之间的语法关系。

「～において、～について、～に当たって、～に際して、～に関して、～に対して、～にとって、～によって、～をもって、～でもって、～として、にむかって①、を目指して」

日语复合格助词可以出现在表示主格的单一格助词「が格」、表示宾格的单一格助词「を格」、表示补格的单一格助词「に格」等的位置上，详见下列例句②：

出现在主格「が格」位置的复合格助词「として」③与「について」④。

(1)「私としては（○が／×として）、仕上げに三日はかけたい。」
　　"作为我来说，希望至少用三天时间来完成。"
(2)「大統領閣下、私は中共はこの戦争には参加しないと思います。……」マッカーサーは落ち着いた、よく響く声で力説した。「ソ連にかんしては（○が／×関して）直接表だった干渉はしないと信じます。……」
　　"'总统先生，我认为中共无意参加这场战争……'麦克阿瑟不紧不慢而又铿锵有力地说道，'至于苏联，我相信他们不会直接出面干涉，……'"

出现在对象格「が格」位置的复合格助词「について」。

(3)「寒さも、きついとは思えなかった。

---

① 「にむかって」在以往的研究中并没有被列入复合格助词。但是，因其可以与单一格助词「に」替换使用，所以本书将其视为复合格助词。此外，「にむけて」也在此列。
② 仅限部分例句。
③ 本书将「としては」视为「として」的用法之一，将在第五章进行详细叙述。
④ 本书将「については」视为「について」的用法之一，将在第四章进行详细叙述。

好調なスタートだった。
出だしのいい日は、すべてについて（〇が）うまくいくのだという確信のようなものが加藤の頭にひらめいていた。」
"加藤并不觉得寒冷有那么难以忍受。
真是一个好兆头。
他脑海里闪现出一个念头，坚信一天只要有个好的开端，一切就都会很顺利。"

出现在宾格「を格」位置的复合格助词「に関して」与「に対して」。

(4) a「事故原因について（を）究明する。」
"查明事故原因。"
b「その問題に関して（を）質問したいことがある。」
"关于那个事情，我想问您一个问题。"
(5) 「相手もちょっと商品に対して（を）信用出来ないだろうと思ったからです。」
"因为我觉得对方可能对商品也有点不太信任。"

出现在补格「に格」位置的复合格助词「にとって」「に対して」与「として」。

(6) 「彼は私に対して（〇に）何も要求しなかった。」
"他对我没有提任何要求。"
(7) 「太郎にとっては（〇には）助けが必要だ。」
"对于太郎来说帮助是必要的。"
(8) 「相手は有力者を証人として（〇に）立てた。」
"对方找来了一位有权势之人作为证人。"

出现在补格「で格」位置的复合格助词「において」「として」「をもって」与「でもって」。

(9) 「マスコミはある意味において（〇で）、人を傷つける武器

にもなる。」

"大众媒体在某种程度上也会成为伤害民众的武器。"

(10) 「彼はアメリカ人として（○で）通用する。」

"他作为美国人得到广泛认可。"

(11) 「試験の結果は、一週間後に書面をもって（○で）お知らせします。」

"考试的结果会于一周后以书面形式进行通知。"

(12) 「拍手でもって（○で）二人を迎えましょう。」

"请大家用热情的掌声欢迎二位的到来。"

出现在补格「へ格」位置的复合格助词「を目指して」。

(13) 「船は一路、西を目指して（○へ）進んだ。」

"船一路向西前进。"

第三节　构成句子语法成分的复合格助词的特性

3.1 必备格成分与次要格成分

诸如「勉強する」一类的日语动词，在表达其基本语义时，至少需要表示主格的「が格」和宾格的「を格」，构成句子的主语和宾语，如果缺少上述格成分，则该动词表达的基本意思就不完整，本书把这种格成分称为该动词的必备格成分；另一方面，表示该动词进行地点的补格「で格」等虽然构成句子的补语，但是，即使缺少该格成分，也不影响该动词表达的基本意思，本书把这种格成分称为该动词的次要格成分。

(14) a 「事故原因について（を）究明する。」（=（4）a）

"查明事故原因。"

b 「試験の結果は、一週間後に書面をもって（○で）お知らせします。」（=（11））

"考试的结果会于一周后以书面形式进行通知。"

例句（14）a中的复合格助词「について」出现在表示宾格的「を格」

位置上，表示其前续名词「事故原因」为句子的宾语，构成谓语动词「究明する」的必备格成分；例句（14）b中的复合格助词「をもって」出现在表示补格的「で格」的位置上，表示其前续名词「書面」为句子的补语，没有构成谓语动词「お知らせします」的必备格成分，仅仅是该动词的次要格成分。

综上所述，日语复合格助词既可以构成谓语动词的必备格成分，也可以构成谓语动词的次要格成分。

3.2 副词性成分

日语复合格助词除可以表示谓语动词的必备格成分和次要格成分外，还可以表示相当于副词的副词性成分。

副词性成分又包括以下两种情况。

3.2.1 既表示格成分，又可以表示副词性成分的复合格助词

（15）「この問題について（○を）慎重に検討しなければならない。」
"关于这个问题必须慎重研究。"

（16）「この問題について（×を、×に）、以下の書籍を参考にしてよい。」
"关于这个问题，可参考以下书籍。"

在例句（15）中，复合格助词「について」与其前续名词「この問題」组成的名词短语「この問題について」构成谓语动词「検討する」所要求的格成分，表示句子的宾语；而在例句（16）中，复合格助词「について」与谓语动词「参考にする」不构成格关系，即「について」与其前续名词「この問題」组成的名词短语不是谓语动词「参考にする」所要求的格成分，而是构成一个近似副词的成分，修饰限制谓语动词「参考にする」。

在日语复合格助词中，有部分复合格助词既可以表示句子的格成分，又能够表示专门修饰限制句子谓语的副词性成分，具体如例句（17）

所示。

(17) a 「彼は侵入者に対して（○に）はっきりと怒りを表している。」
"他明显对入侵者表现出愤怒。"

a′ 「美也子は卓一に対して（??に／??を）自分の行爲に苦しんでいる。」
"面对卓一，美也子为自己的行为感到很痛苦。"

b 「男は新宿方面にむかって（○に）歩いていった。」
"男人向新宿方向走去。"

b′ 「二人は申し合せたように海に向って（×に）腰をおろした。」
"两个人不约而同地面朝大海坐了下来。"

c 「彼は戦争の当事者にむけて（○に）停戦協定の締結を訴え続けた。」
"他呼吁战争的当事者缔结停战协定。"

c′ 「民主党は、解散総選挙に向けて（×に）自民党の有力議員の選挙区に目玉候補を次々と擁立しています。」
"为了应对国会解散后的大选，民主党在自民党议员实力强劲的选区内，不断扶植自己的热门候选人。"

d 「今後爆弾には爆弾をもって報ゆるであろう。」
"今后要以炸弹回应炸弹吧。"

d′ 「当店は本日をもって（?で）閉店いたします。」
"本店自今日起停止营业。"

3.2.2 只表示副词性成分的复合格助词

有一部分日语复合格助词只表示语义，并不构成谓语动词格成分，在句子中实际上充当相当于副词的副词性成分，从句子结构来看，这部分复合格助词似乎更接近复合接续助词，如：「～にわたって、～のために、～のくせに、～のおかげで、～のせいで、～といっしょに、～とともに」。

(18) 「今度の台風が日本全域にわたって被害を及ぼした。」
"此次台风波及整个日本，造成很大损失。"
(19) 「田中さんは会社のために40年間働いてきました。」
"田中为公司工作了40年。"
(20) 「今度入社した人は、新人のくせにあいさつもしない。」
"这次入职的员工，明明是新人，却连招呼也不主动打一下。"
(21) 「母は最近新しく発売された新薬のおかげで、ずいぶん元気になりました。」
"多亏了最近发售的新药，母亲的病好多了。"
(22) 「交通ストのせいで、電車は満員だ。」
"受交通罢工的影响，电车里挤满了人。"

第四节　复合格助词的语义特征

4.1 不同于单一格助词的独特语义

　　如上所述，部分日语复合格助词出现在原本应该单一格助词出现的位置，表示句子的格关系。此时日语复合格助词的语义与单一格助词是否完全相同？如果存在差异，差异在何处？有关上述问题，以往的研究中并没有明确的论述。

(23) 「わたしがいつも頭脳を冷静に保たなければならない。」
"我必须时刻保持头脑冷静。"
(24) 「わたしとしては、いつも頭脳を冷静に保たなければならない。」
"作为我来说，必须时刻保持头脑冷静。"
(25) 「党の幹部を批判する。」
"批评党的干部。"
(26) 「党の幹部に対して批判する。」
"对党的干部进行批评。"

(27)「彼はぼくに迫ってきはじめた。」
"他开始向我逼近。"
(28)「彼はぼくにむかって迫ってきはじめた。」
"他开始冲我追了过来。"

在（23）与（24）、（25）与（26）、（27）与（28）的比较中，例句所表示的意思基本相同。但是，在细微的语感上还存在着较大差异。相对于（23），（24）表现出一种强调自身立场的强烈语气；相对于（25），（26）目标指向相对明确；相对于（27），（28）更加表现出了身临其境的紧迫感。有关上述情况，在中文的翻译上也有所体现。

4.2 副词性成分所表示的语义

综上所述，表示副词性成分的日语复合格助词的语义特点可以概括如下：
1. 不表示句子的语法成分即格关系，只表示语义；
2. 基本上构成一个副词性的成分；
3. 其语义部分保留复合格助词中所含实词的意义；
4. 某些复合格助词的用法更接近复合接续助词。

第五节　本章的总结

一、日语复合格助词存在两种类型：
第一种类型，融入谓语动词所要求的格体制当中，主要构成句子的语法成分；第二种类型，与谓语动词所要求的格体制并不发生关联，主要表示语义。

二、构成句子语法成分的复合格助词与其前续名词构成句子的某一个成分，表示与谓语（主要是动词谓语）之间的语法关系，此类复合格助词可以出现在表示主格的单一格助词「が格」、表示宾格的单一格助词「を格」、表示补格的单一格助词「に格」等的位置上，代替上述单一格助词。

三、表示构成句子语法成分的复合格助词既可以构成谓语动词的必备格成分，也可以构成谓语动词的次要格成分。

四、日语复合格助词还可以表示相当于副词的副词性成分，副词性成分包括两种情况：部分日语复合格助词既表示格成分，又可以表示副词性成分；部分日语复合格助词只表示副词性成分。

五、复合格助词的语义特征为，与单一格助词替换使用时表示不同于单一格助词的独特语义；构成副词性成分时只表示语义。

第四章

形态、语法、语义、翻译与日语复合格助词研究

第一节　形态

形态是日语的重要特征。

日语的形态非常发达，可以说日语的所有功能，包括语法、语义等要素都在日语的形态上有不同程度的体现。因而，在进行日语研究时，日语的形态给予我们的启迪和帮助不容忽视。

日语复合格助词数量繁多且形态复杂，容易让人眼花缭乱。但是，通过仔细观察便会发现，其中一些显现于形态上的现象为我们考察、研究日语复合格助词提供了非常重要的启示。

观察下列例句：

(1) a 「この問題について慎重に検討しなければならない。」
　　"关于这个问题必须慎重研究。"
　b 「警察内部では、エリートコースを歩き、また、切れる男といわれてきた十津川だが、男女間の問題については、くわしく知らなかったといっていい。」

"虽说在警局的同僚中,十津川一直以来走的都是精英路线,并常被人称为'精英',可关于男女间的问题,可以说他知道的并不多。"

  c「検事は、その場で商品を返し、食品<u>については</u>代金を支払った。」

  "检察官当场归还了(扒窃的)商品,<u>至于其中的食品</u>,他付了钱。"

(2) a'「この問題<u>について</u>慎重に検討しなければならない。」

  b'「……十津川だが、男女間の問題<u>については</u>(○について)、詳しく知らなかった。」

  c'「検事は、その場で商品を返し、食品<u>については</u>(×について)代金を支払った。」同上。

通过例句(1)和例句(2),可以观察到以下语言现象:

1. 在例句(1)中,复合格助词呈现为「について」和「については」两种形态;

2. 例句(2)b'中,尽管语感上有细微的变化,但「については」可以改为「について」,即b'的「については」中的「は」可以省略①,在b'句中,「について」和「については」的作用基本相同;

3. 例句(2)c'中,「については」不能改为「について」,即c'句的「については」中的「は」不可省略,在c'中,「については」有着区别于「について」的独特用法;

4. 日语中存在着「について」和「については」两种不对等、不可互换的形态。

第二节 语法

以往有关复合格助词「について」的研究,主要体现在以下两个方

---

① 有关例句(1)b中「については」,将在本章第五节专门论述。

面。第一是阐述「について」所表达的语义；第二是考察「について」所修饰的谓语动词的种类，即「について」在句子中可以和何种谓语动词搭配使用。

首先，关于日语复合格助词「について」的语义，《日语教育事典》（2005）①认为其"表示动作、状态的指向对象""動作や状態等が向けられる対象となる事柄を表す"②；

森田、松木（1989）认为其"具有显示动作、状态所涉及或关联的对象之功能""これらは動作や状態等が取り扱ったり関係を持ったりしている対象を指示する機能を果たす"。

但是，上述研究仅仅是对「について」的语义进行了一般性的阐述，而对「について」在语法方面的具体用法并没有给予充分的说明，也没有进一步加以分类。

其次，关于日语复合格助词「について」所修饰的谓语动词的种类问题，茑原（1984）③和森田、松木（1989）分别进行过论述。以下在介绍、分析上述研究的基础上，探讨其中存在的问题。

茑原（1984）指出：

> 经过调查发现「～について」直接修饰的词语多为与语言活动以及思考活动有关联的词语。比如：用言类有「言う」「話す」「相談する」「答える」「聞く」（尋ねる意）「想像する」「報告する」等词语；体言类有「意見」「説明」「考え」「判断」「研究」等词语。即「～について」限定并说明了语言活动以及思考活动的具体内容。

> 「～について」が直接かかっていく語にはどのようなものがあるかを調べると、言語活動や思考活動に関係のある語が多い。たとえ

---

① 日本語教育学会編：『日本語教育事典』，大修館書店，2005。

② 有关「について」可以直接修饰的词语，茑原（1984）和森田、松木（1989）均主张为"与语言活动以及思考活动有关系的词语"。而本书所说的"动作动词"是指表示具体动作的动词，但是诸如"話す"之类表示言语活动的动词并不包括在此范围之内。

③ 蔦原伊都子：～について，『日本語学』10月号，明治書院，1984。

ば、用言では、「言う」「話す」「相談する」「答える」「聞く」（尋ねる意）「想像する」「報告する」など、体言では、「意見」「説明」「考え」「判断」「研究」などである。つまり、「〜について」は、言語・思考活動の具体的内容を限定説明しているわけである。

有关日语复合格助词「について」所修饰的谓语动词的种类，森田、松木（1989）阐述如下：

　　一般来说，「について」多修饰与语言活动以及思考活动有关系的词语，容易与「言う」「話す」「相談する」「想像する」「報告する」等词语搭配使用。连体格「についての」所修饰体言也多为「意見」「説明」「考え」「判断」「研究」之类的词语，不适用于表示物理性动作的词语。以上表明「について」具有与对象紧密结合并对其进行深入思考的含义，据此，可以说「について」是一种静态的表达方式。

　　一般的に言って、「について」は言語活動や思考活動に関係する語を修飾することが多く、「言う」「話す」「相談する」「想像する」「報告する」などと共起しやすい。連体格「についての」が修飾する体言も、「意見」「説明」「考え」「判断」「研究」などといった語が多く、物理的な作用などにはなじみにくいようである。これは、「について」に対象と密着してそれを深く掘り下げる意識があることの現れで、その意味では静的な表現と言えるかもしれない。

然而，以往研究并没有注意到「について」和「については」[①]两种形态的不同，在日本汉语教学界和中国日语教学界，甚至认为日语复合格助词「について」与汉语介词"关于"互相对应。

---

① 茑原（1984）在说明「について」的语义和用法时，仅指出"有时也可以后续提示助词「は」，构成「〜については」"。「係助詞「は」を後接させ、「〜については」となる場合もある」。

比如，相原等（1996）将汉语介词"关于"的用法解释为"関係ある事物「～について、関して」"①。

再如，赵博源（1999）将"关于"的日文译法，归纳为"关于、有关、就／について（は）"，不仅没有区分「について」和「についてば」，反而将两种形态等同起来②。

那么，日语复合格助词「について」和「については」仅仅是两种不同的形态，还是存在某种语法上的差异？

以往研究考察「について」所修饰的谓语动词的种类，结论多为与语言活动以及思考活动有关联的词语。本节通过以下例句，着重考察「については」所修饰的谓语动词的种类。

(3) a 「検事は、その場で商品を返し、食品については（×について）代金を支払った。」
　　　"检察官当场归还了(扒窃的)商品，至于其中的食品，他付了钱。"
　　b 「日本猿については（×について）、捕獲して山に返しますが。」
　　　"至于日本猴，捕捉后要放归山林。"
　　c 「同社は亀裂のひどい1機については（×について）定期運航からはずしたという。」
　　　"该公司将出现裂缝较大的一架飞机从定期飞行航线上撤下来。"

通过观察例句（3），可以得出下列结论：

1.「については」是一个独立的整体，即「について」和「は」不可分割。在例句（3）中，只能用「については」，而不能用「について」，否则句子就难以成立。

2. 谓语动词均为表示具体动作的动作动词，如「代金を支払う」"付

---

① 参照相原茂ら：『中国語の文法書』，同学社，1996。
② 赵博源：《汉日比较语法》，江苏教育出版社，1999。

款"、「返す」"送回"、「はずす」"撤下"等，也就是说，在例句（3）中，「については」所修饰的是表示具体动作的动作动词。

3. 在充当句子的语法成分方面，「については」和「について」具有同样的作用，即在例句（3）a中，「食品については」为副词性成分；在例句（3）b中，「日本猿については」为宾语成分，构成谓语动词「（捕獲して）返す」的宾语；例句（3）c中，「亀裂のひどい1機については」为宾语成分，构成谓语动词「はずす」的宾语。

4. 尽管在句子中，「については」显示的语法成分与「について」相同，但是，「については」要求的谓语动词不同于「について」，「について」要求与语言活动以及思考活动有关联的动词作谓语，而「については」要求表示具体动作的动作动词作谓语。

第三节　语义

在阐述「について」的语义特点之前，先介绍有关「について」的语法特点。对此，本书作者进行过较为详细的论述[①]，现概括如下：

针对「について」句，用N1表示构成主语的名词，N2表示「について」的前续名词，N3表示构成谓语动词宾语的名词，V表示谓语动词。

即「について」句可转化为"N1＋N2について(＋N3)＋V"。

1.「N1がN2について（○を（宾语））V」，即「について」可等同于表示动作对象的格助词「を」替换使用的类型；

2.「N1がN2について（○が（对象））V」，即「について」可等同于表示对象的格助词「が」替换使用的类型；

3.「N1がN2について（○に（对象））V」，即「について」可等同于表示动作或者态度所关联、涉及的对象的格助词「に」替换使用的类型；

4.「N1がN2について（×を×が×に）V」，「について」不能等

---

① 馬小兵：日语复合格助词「について」的语法特点，『言語文化研究科紀要』創刊号，文教大学大学院，2015。

同于上述「を」「が」或者「に」以及其他格助词替换使用的类型。

(4) a 「川端文学について（○を）研究する。」
"就川端文学进行研究。"
b 「他人との交際についても（○が）いままでと違っていた。」
"他同别人的交往也不同于往日。"
c 「生徒の疑問について（○に）答える。」
"对学生的问题进行回答。"
d 「その写真について（×を×に）懐かしい思い出がある。」
"在那张照片里充满了令人怀念的往事。"

关于复合格助词「について」的语义，本书认为「について」设定表达和思考等行为活动的题目。

当复合格助词「について」所设定题目中包含的内容与单一格助词「が、を、に」所表示的内容相重合时，可以与上述单一格助词替换使用。

当复合格助词「について」与其前续名词构成副词性成分时，谓语部分的"活动范围"则由「について」设定的题目指定。

那么，从语义的角度来看，「については」是否也可以表示某一个行为活动的题目设定呢？考察以下例句：

(5) a 「大統領閣下、私は中共はこの戦争には参加しないと思います。…マッカーサーは落ち着いた、よく響く声で力説した。「ソ連にかんしては、直接表だった干渉はしないと信じます。」…」
"'总统先生，我认为中共无意参加这场战争……'麦克阿瑟不紧不慢而又铿锵有力地说，'至于苏联，我相信他们不会直接出面干涉，……'"
b 「三日の夕方から夜にかけて、幾度か与兵衛の寝室に出入りしたほうが自然なみねが、ノブに触って指紋を付けたうえ

で、犯人役の卓夫が軍手をはめた手で、そのドアを開閉した。東廊下から裏庭へ出るドアについては、いったんタオルでノブを拭ったあと、卓夫が廻した。」

"从3日傍晚到这天夜里，本该几次出入与兵卫卧室的实子先将自己的指纹留在门把上，再由冒充犯人的卓夫戴上劳动手套开开门。至于（×关于）从东走廊通往后院的门，卓夫则是先用毛巾擦了之后，才转动了门把的。"

c 「襲われた初老の運転手の容態は、当初、重体であると発表されたが、その後の経過は良好で、あと五十日もたてば、退院できる見込みとなった。女子行員については、いずれ近いうちに平常勤務に戻れるだろうと医師は言った。」

"那位受到袭击的五十来岁的司机，当时报道说有生命危险。但是，之后他恢复得不错，估计再过50天就能出院。至于女银行职员，医生说不久就可以正常上班。"

观察例句（5），针对「については」的语义以及其特点，可以归纳如下：

1. 在（5）a中，「については」（にかんしては）修饰的谓语动词为非动作动词「干涉する」（"干涉"）；在（5）b和（5）c中，「については」修饰的谓语动词为动作动词「拭う・廻す・戻る」（"擦拭""转动""返回"）。

2. 在（5）各例中，「については」表示另起一个话题之意。（5）a中，「については」（にかんしては）与其前续名词构成的名词短语「ソ連にかんしては」表示除去"中共"之外，"苏联"采取的是另外一种态度，即另外一个话题；在（5）b中，"卧室的门"和"后院的门"分别叙述的是两种情况；（5）c中，"司机"需要继续住院治疗，而"女银行职员"则马上可以出院，均为两种不同情况。

3. 此时，「については」是一个完整的不可分割的要素，「については」中的「は」不能删去或者省略；

4. 「については」翻译成中文时，一般不译为"关于"，而多可译为

"至于"。

本书将「については」的语义特征归纳为：

日语的「については」具有表示提起一个与上文有一定的联系，而自身又是独立的事项（话题）的功能。此时，「については」中的「は」无法删去，「については」是一个完整的不可分割的要素。在日汉翻译时，一般可以翻译成"至于"等词语，不能翻译成"关于"。

第四节 翻译

在进行日汉两种语言的对比研究时，有时日汉互译能够提示某种平时忽略的现象和隐含的规律。

我们注意到在上述列举的例句当中，当「については」作为一个不可分割的、独立的整体时，除去在本章第二节阐述的「については」的语法特点，以及在本章第三节总结归纳的「については」的语义特征之外，如果要把上述「については」翻译成汉语，一般无法译为"关于"等词语，而可以译成"至于"等词语。

有关"至于"的意思和用法，侯学超（1998）指出："从使用上说，提出跟上文既有关联而又独立的另一件事；从结构上说，引起话题。话题后必有停顿。"[①]

考察以下有关"至于"的例句：

（6）a "北京我很想回去看一看，但不知何时。至于住呢，恐怕未必能住久。"

「北京は、私が帰ってみたいと思っているが、何時になるかは分からない。泊まることについては(??について)、恐らく長くならない。」

b "放心，老杨，他是交通班的骨干，你可别看他小。至于路，那更不要担心……"

---

① 侯学超编：《现代汉语虚词词典》，北京大学出版社，1998。

「楊さん、安心して、彼は交通班の主力で、若いと思わないで。道については(??について)、さらに心配は要らない。」
c "至于西方古典音乐，父亲不大喜欢，也不大懂。"
「クラシック音楽については(??について)、父はあまり好きでもなく、よく知りもしない。」
d "我是修建工程主任，应该照顾到，应该很好交代，及时检查。就因为我没照顾到，才出了事故。至于魏富海，当然也要负责……"
「わたしは修建工事主任だから、よくみまわり、はっきり命令をつたえ、しかるべき時に検査すべきだった。わたしが、せわをしなかったために、この事故がおきたのだ。魏富海については(??について)、とうぜん責任をとるべきだ…」

观察例句（6），我们看到在各句中，汉语"至于"均表示提出跟上文既有关联而又独立的另一件事的语义；翻译成日语时，均可以译成「については」，而不能译成「について」。

第五节　「は」可以省略的「については」

在此，我们还要注意另一种情况，即有时「については」中的「は」是可以省略的，参照以下例句：

(7) a 「井戸原社長の私行についてはうすうす噂は聞いていますが、」
"关于井户原经理的私生活我也听到了些风言风语。"
a'「井戸原社長の私行についてうすうす噂を聞いています。」
"关于井户原经理的私生活我也听到了些风言风语。"
b 「警察内部では、エリートコースを歩き、また、切れる男といわれてきた十津川だが、男女間の問題については、くわしく知らなかったといっていい。」

"虽说在警局的同僚中，十津川一直以来走的都是精英路线，并常被人称为'精英'，可关于男女间的问题，可以说他知道的并不多。"

b′「警察内部では、エリートコースを歩き、また、切れる男といわれてきた十津川だが、男女間の問題についてくわしく知らなかった。」

"虽说在警局的同僚中，十津川一直以来走的都是精英路线，并常被人称为'精英'，可关于男女间的问题，可以说他知道的并不多。"

c 「横流しの一件については、正確に実情を調査した上で、また改めてお話に伺います。」

"关于私下交易一事，正在进行核实，有了结果我再告诉你吧。"

c′「横流しの一件について、正確に実情を調査した上で、また改めてお話に伺います。」

"关于私下交易一事，正在进行核实，有了结果我再告诉你吧。"

d 「だがそのことについては、もっとさきで詳しくお話する機会があるだろう。」

"关于地图的详情，以后有机会再详细叙述。"

d′「そのことについてもっとさきで詳しくお話する機会があるだろう。」

"关于地图的详情，以后有机会再详细叙述。"

观察例句(7)，针对上述「については」的特点，可以归纳如下：

1. 如例句(7)所示，各例中的「については」修饰的均为非动作动词[①]；

2. 如（7）a′、（7）b′、（7）c′和（7）d′各例所示，虽然在语感上有

---

① 这里所指的是与语言活动和思考活动有关的动词。

细微的差别，但「については」中的「は」可以省略；

3.（7）a、（7）b、（7）c和（7）d各例中的「については」和（7）a′、（7）b′、（7）c′和（7）d′各例中的「について」全都同汉语的"关于"等词语对应；

4. 本书认为这种可以省略「は」的「については」仅是「について」之后附着了提示助词「は」的临时性复合结构，等同于「について」。

第六节　本章的结论

在日语语法界，以往的研究对「について」和「については」并没有加以区分，没有注意到这两种不同形态背后隐含着的语法和语义方面的不同。本书突破以往研究的观点，主张应该把「について」和「については」作为两种不同的用法区分开来研究。

本书认为「について」表示设定题目之意，「については」则表示提起一个新的独立的话题之意，两者无论在形态上、语法上、语义上还是翻译上均表现出明显的不同。

形态上，日语中存在着「について」和「については」两种不对等、不可互换的形态。「については」是一个完整的不能分割的要素，「については」中的「は」不能删去或者省略；

语法上，「について」要求与语言活动以及思考活动有关联的动词作谓语；「については」要求表示具体动作的动作动词作谓语；

语义上，「について」表示设定题目之意，「については」则表示提起一个新的独立的话题之意；

翻译上，翻译成汉语时，「について」和「は」可以省略的「については」可以翻译成汉语的"关于"等词语，而「は」不可省略的「については」只能翻译成汉语的"至于"等词语。

第五章

充当句子实际主语的复合格助词

第一节　日语主语的表现形式

本书第二章指出，日语复合格助词有时与单一格助词一样，可以表示句子的主格，即表示句子的主语。

在日语中，除去格助词「が」，以及提示助词「は（も・さえ・まで）」可以表示句子的主语外，下列助词具备一定条件后，也可以表示主语。

(1) a「その件は私から彼に伝える。」
　　　"这件事由我来传达给他。"
　　b「岸田外相は「日中首脳会談の重要性につきまして、わたしからは強調させていただきました。しかし現状においては、まだ、この開催は決まってはおりません」と述べた。」
　　　"日本外相岸田指出：'我刚刚强调了日中首脑会谈的重要性。但是现状却是，是否举行会谈尚未达成定论。'"

(2) a「高崎屋では次の催し物を計画している。」
　　　"高崎屋正在策划下次活动。"
　　b「さて、早速ですが、私ども三井住友銀行では毎年中国／北京に参りまして、中国の大学に所属してらっしゃる方を日本の「総合職」として採用するべく、日本から人事の採用担当が数名参り選考を行っております。」
　　　"那么，我就直奔主题了。我们三井住友银行每年都会来中国/北京，为了将中国的大学生聘入日本的'综合职'，我们会派若干名人事负责人来华进行面试。"

(3) a「北海道の青年赤十字奉仕団・学生赤十字奉仕団では、赤十字の一員として「私たちにできる事、私たちがすべき事。」を団員一人ひとりが考え、各団特色ある活動を行っています。」
　　　"作为红十字队的一员，北海道红十字青年志愿团和红十字学生志愿团的每一位团员都在思考着'我们能做什么，我们该做什么'，并展开各具特色的活动。"
　　b「この計画がうまくいくかどうか誰にも分からない。」
　　　"谁也说不准这个计划能不能顺利展开。"

(4) a「われわれとしては、彼に本音を吐かせなければならない。」
　　　"我们一定要让他说出实话。"
　　b「山本としては、結局、比較的好意ある態度を見せている英国側を頼って、何とか三国間の妥協点を見出すことに努めるよりほか無かったであろう。」
　　　"到最后，山本除了靠态度较为友好的英国方面来努力在三国之间寻找出一个平衡点之外，也别无他法了吧。"

(5) a「校長におかれましては、ますます御壮健の由、何よりのことと存じます。」
　　　"校长先生贵体日益健朗，真是太好了。"

b「先生におかれましては、お元気そうでなによりです。」
"老师您身体健康，这比什么都重要。"

在日语实际使用过程当中，主语会有各种各样不同形态的表现形式，下面列举的众多词语在句子中均有提示话题的作用，有时甚至提示主语，担负着句子实际主语的作用：

「とは／というのは／といえば／というと／といったら／とくると／ときたら／となると／となれば／になると／となっては／に至ると／に至っては／かといえば／かというと／にしてみては／にしてみれば／としても／にしても／にしたって／にしろ／にしては／といっても／といえども／には／にかかれましては」

具体如例句（6）所示。

(6) a「世捨て人とは世を捨てた人ではない、世が捨てた人である。」
"隐居之人并不是弃尘世而去之人，而是被尘世遗弃之人。"
b「戒というのは、仏教で、僧たちが、守らなければならない規律のことです。」
"所谓戒律，是指佛教中僧侣们必须要遵循的规则。"
c「高橋さんというと、あの旅行会社の人ですか。」
"你说的高桥先生，是那家旅行社的人吗？"
d「わたしたちときたら、部屋を見せてもらったとき、鍵の有無なんて、まったく意識にのぼりませんでした。」
"而我们在参观房间的时候，完全没有注意到有没有锁。"
e「わたしにしてみれば、済んだことはいいじゃないの、これから気をつければ、と思えるのでした。」
"在我们看来，过去的事情就让它过去吧，今后注意就好了。"
f「彼女の両親にしても、彼女が親戚の家から短大に通えるのなら安心だろう。」
"如果她上短期大学时能住在亲戚家的话，想必她的父母也能放心了吧。"

g「部長にしろ、所詮は宮仕えの身、自分の首があぶなくなるようなことはしないさ。」
"说到底，部长也是给上头干活的人，肯定是要明哲保身的。"

h「いかなる権力者といえども、一国の法律を自分一人の意志で変えることはできない。」
"不管是怎样的掌权者，都无法以一己之私改变一个国家的法律。"

i「天皇陛下には、午前十時三十分、皇居を御出発。」
"天皇陛下于上午10点30分从皇居出发。"

第二节 充当句子实际主语的复合格助词

出现在句子实际主语位置，充当句子实际主语的复合格助词，主要有「としては」和「については」①，本书认为，充当句子实际主语的复合格助词一般具有四大特点，本节以「としては」为主线，逐一展开论述。

2.1 构成句子的必备格

首先，充当句子实际主语的「としては」在句子主语应该出现的位置总是以「としては」的形式出现。如例句(7)a和例句(7)b所示，仅以「として」的形式出现则无法表示句子的主语。这一点与表示单纯的资格和立场的「として」不同，如例句(7)c和例句(7)d所示，后者能够以「として」的形式出现。

（7）a ??「私として、仕上げに三日はかけたい。」
　　　b ??「太郎として彼らを応援するつもりなのだろう。」

---

① 本书所举的「としては」和「については」分别是「として」和「について」的用法之一，具体请参考马小兵：《日语复合格助词与语法研究》，深圳报业集团出版社，2011。

　　　　　c 「この本は教科書として／としてはよくできている。」
　　　　　　"这本书作为教科书(来说)编得不错。"
　　　　　d 「太郎は会長として開会の辞を述べた。」
　　　　　　"太郎作为会长致开幕词。"

其次，表示句子实际主语的「としては」与其前续名词在句子中构成谓语的必备格成分。即在句子中实际上起着主语的作用。诚然这种「としては」表示的不是单纯的主语，而是主语化的立场，但是，其是主语无疑。因而，在同一个句子中，一般不会再出现由单一格助词「が」表示的主语。即在此类句子中，仅用「としては」就完全可以满足谓语对主语的要求，无须「としては」之外的其他的主语。

2.2 具有区别于单一格助词的特殊语义

日语复合格助词「として」表示句子主语、宾语的资格和立场，或者修饰整个谓语部分。表示句子实际主语的「としては」不表示句中其他成分的资格和立场，表示在某种条件下，"立场"本身作为主语发挥作用。如例句(8)a所示，「私という立場」基本等于「私という主語」，或者说事实上完全一样，因而，表示立场的名词短语「私としては」具有作为主语的功能。

表示句子实际主语的「としては」在语义上具有特殊含义，区别于由单一格助词「が」表示的主语，参照例句（9）。

(8) a 「私としては、仕上げに三日はかけたい。」
　　　　"作为我来说，希望至少用三天时间来完成。"
　　b 「私は仕上げに三日はかけたい」
　　　　"我希望至少用三天时间来完成。"
(9) a 「わたしとしては、彼女のそばでいっしょにそうした仕事ができたら、それはずいぶんうれしかったにちがいない。」
　　　　"作为我来说，若能在她身边和她一起从事这样的工作，那一定是非常开心的。"

第五章　充当句子实际主语的复合格助词　67

b「実際にその時高男はみどりと一緒になってもいいと考えていたし、またよかろうと悪かろうと、高男としてはみどりに対してその申し出を承諾せざるを得ない立場に立っていた。」
　　"事实上当时高男本就觉得是可以和绿子在一起的，而且不论是好是坏，作为高男来讲，他也本就是站在必须要对绿子做出此种承诺的立场之上的。"

c「また軍務局長の井上成美少将は外務次官を訪ねて、「海軍としては、出来るならぜひアメリカの大統領と英国皇帝ジョージ五世に対して親電を出していただきたい」という申入れをしている。」
　　"另外，兵务局局长井上成美少将见到了外务次官，并提出：'作为海军，有可能的话希望能向美国总统与英国国王乔治五世发送一封电报'。"

d「だが、私としては、日本へ出発する時に、旅費を割いて、纏まった金額を、彼女の療養費として、残してきたのが、精一杯のことだった。」
　　"但是，作为我来讲，在赴日时将除去路费以外的钱留给她，让她去治病，已经是我的极限了。"

e「むしろ、雪夫人としては、新花旅館を綾子から取り戻して、直之とも綾子とも手を切り、亡父の遺した唯一の財産を守るのが道である。」
　　"甚至可以说，作为雪夫人来讲，把新花旅馆从绫子手里夺回来，然后和直之、绫子都断绝关系，守住已故的父亲留下的唯一财产才是她该走的路。"

f「私としては、生活の打開と、仕事の推進の両面から、必死と、机に噛りつき、その息抜きに、散歩や友人との閑談が、必要になってくるのだが、彼女の心には、満たされないものが、残るのであろう。」
　　"作为我来讲，为了拓展生活、潜心工作而伏案桌前，有时为

了透透气，也需要去散散步或者与朋友闲聊两句。但想必是会在她心中留下些许空虚吧。"

从例句（9）中可以看出，由「としては」表示的句子实际主语与单一格助词「が」表示的主语相比较，前者包含表现前续名词立场之含义。以例句9（a）为例，「としては」将句子的后续内容指定在以「わたし」为代表的立场上，包含"如果是别人而非我的话，后续内容也许不成立"之意。即由「としては」表示句子实际主语时，同时将句子的视角转为前续名词的主观视角，后续内容皆以此视角为背景。而单一格助词「が」表示的主语则不具备上述含义。

2.3 充当句子实际主语的「としては」构句条件

一般来说，充当句子实际主语的「としては」构成句子时，对句尾表现形式有特殊的要求。只有在句尾的表现形式符合其特殊要求时，句子才得以成立，具体如下：

一、表示主语的义务。

此时，句尾要求使用「～ナケレバナラナイ形」（"必须……"）、「～ワケニハイカナイ形」（"不能……"）等形式。

(10) a「今西としては、何とか行ってもらわなければならない。」
　　　　"作为今西来说，要想方设法请对方过去。"
　　b「会社としては当然、優秀な技術者を失った損失を少しでもカバーしなければならない。」
　　　　"作为公司来讲，必然是要尽可能地将失去一位优秀的研究员而造成的损失降到最低。"
　　c「わたしとしては、その計画に賛成してやらなければなりませんでした……」
　　　　"作为我来说，必须赞成那个计划。"
　　d「アメリカの世論は、欧洲への参戦を好まず、議会には孤立主義の傾向が強かったが、ルーズベルト大統領としては、ヒットラーの勝利と狂態とを、あのまま座視するわけ

には行かなかったであろう。」

"美国的舆论并不喜欢去欧洲参战，在议会里孤立主义倾向占上风，但是作为罗斯福总统来说，不能对希特勒的胜利和猖狂视而不见。"

二、表示主语的能力。

此时，句尾要求使用「～デキナイ形」（"不能"）、「～カネナイ形」（"很可能"）、「～シカナイ形」（"仅能"）、「～ホカナイ形」（"只能"）等形式。

(11) a 「われわれとしては、ご主人の帰国を待ってはいられないのです。」

"作为我们来说，不能等您丈夫回国。"

b 「色々と問題はあったが自分としては出来るだけの努力をした。」

"虽然存在着许多问题，但是作为我自己来说，已是竭尽所能了。"

c 「当方としては責任を負いかねるからであります。」

"作为我方来说，难以负责。"

三、表示主语的愿望。

此时，句尾要求使用「～タイ形」（"希望"）、「～ツモリダ形」（"打算"）等形式。

(12) a 「遺族としましては、できるかぎり捜査に協力したいのですが、非力のためにお役に立たないのを、残念に思っております。」

"作为遗族来说，理应竭尽全力协助破案，但是因为能力有限，起不到什么作用，对此我感到十分遗憾。"

b 「われわれとしては、三木さんが警察官でもあったし、ぜひ、この犯人をあげたいと思っているしだいです。」

"作为我们来说，三木是位警察，我们一定要抓到犯人。"

　　　　c「また、捜査にたずさわるわれわれとしては、どのような手を尽くしてでも犯人を捕まえずにはおきません。絶対に迷宮入りにはさせないつもりであります。」
　　　　　"作为我们实际参与办案的人来说，是无论如何都不会让犯人逍遥法外的。也绝对不会被犯人牵着鼻子走。"

　　四、表示确认说明情况。
　　此时，句尾要求使用「～ワケダ形」（"当然"）、「～ノダ形」（"是……的"）等形式。

　　（13）a「こちらとしては、本人が社長さんの知人だと言っているので、その確認をしたわけです。」
　　　　　"作为我们，因本人说是经理的朋友，所以要核实一下。"
　　　　b「私としては養子でございますし、親父の苦労を知っていますので、その旅立ちを積極的にすすめたわけであります。」
　　　　　"作为养子，我非常了解父亲的辛苦，所以积极地劝他去旅行。"
　　　　c「私としては、もう事は済んだと思っていたから、そのことは考えずに、ここに来たのだった。」
　　　　　"作为我来说，因为觉得事情已经过去了，所以根本没有考虑那件事就来到了这里。"

2.4 充当句子实际主语的「としては」的汉译

　　我们注意到在上述列举的例句当中，「としては」翻译成中文时，几乎都可以翻译为"作为……来说"等词语。
　　有关汉语介词"作为"的意义和用法，概括赵淑华（1996）、侯学超（1998）、陈淑梅（1999）等以往研究的成果，可以归纳为以下三种情况：
　　1. 作状语，表示人的某种身份或事物的某种性质；
　　2. 以"作为……的"的形式作定语，中心语所指与"作为"的宾语相同；

3. 泛论一般情况，主语可以不出现；或者实际上起主语的作用。此时，多用"作为……来说"的形式。

关于"作为"实际上起主语作用的用法，陈淑梅（1999）指出：

> 用"作为NP来说"的句子有时不出现S，句子在结构上找不到主语。这时，通过"作为……来说"介引出来的NP，既是论说上的话题主语，也是句法关系上的逻辑主语。例如：
> 作为我来说，就应该时刻保持清醒的头脑。
> 显然，上例的"我"是"应该时刻保持清醒的头脑"的主语，但它已经潜入"作为……来说"的结构之中。
> 这种主语潜入"作为……来说"结构的说法，也可以不用"来说"，但是实际上隐含"来说"。
> 如上例，可以只说："作为我，就应该时刻保持清醒的头脑。"①

综上所述，我们看到日语复合格助词「としては」在具备了一定条件之后，可以表示句子实际主语的用法，而且通过日汉互译，上述观点在一定程度上得到验证。

第三节 本章总结

出现在句子实际主语位置的日语复合格助词，诸如「としては」等，在具备一定条件之后完全可以表示句子的实际主语，充当句子实际主语的

---

① 但是，如例句b所示，如果把上述陈淑梅（1999）所举例句中的"应该"一词删去的话，该句就不成立。再如例句c所示，如果不使用"作为……来说"的话，即使删去"应该"一词，该句仍然成立。据此，陈淑梅（1999）仅限于指出"作为"有时实际上起句子主语的作用，而对该类型句子的生成条件等，并没有进行说明。
　a "作为我来说，就应该时刻保持清醒的头脑。"
　　「わたしとしては、いつも頭脳を冷静に保たなければならない。」
　b*"作为我来说，就时刻保持清醒的头脑。"
　c "我就时刻保持清醒的头脑。"
　　「わたしがいつも頭脳を冷静に保たなければならない。」

复合格助词一般具有四大特点：

　　一、充当句子必备格成分，无须其他成分复指；

　　二、具有区别于单一格助词的特殊语义；

　　三、构成句子时，在语法上受到一定的限制；

　　四、通过日汉互译，基本可以得到验证。

第六章

充当句子实际宾语的复合格助词

在日语中，宾语由单一格助词「を」表示。

日语单一格助词「が」表示的对象格在汉语中视为宾语。

本书第二章指出，具备一定条件，日语复合格助词可以代替单一格助词，表示句子的宾格，即表示句子的宾语，也可以表示句子的对象语。

充当句子实际宾语或者对象语的复合格助词，以「に対して」「について」和「をもって」等为主要代表，「に対して」可以和「を」替换使用；「について」可以和「を」或者「が」替换使用；「をもって」有时也可以和「を」替换使用，本章针对上述可以充当句子实际宾语或者对象语的日语复合格助词展开论述。

第一节　日语复合格助词「に対して」[①]

　　「に対して」与其前续名词构成的短语在句子中能否充当表示宾语的语法成分，如果可以，那么，具体情况如何？该成分与句子的其他成分会产生怎样的关联？

　　针对「に対して」构成的句子，用 N1 表示构成主语的名词，N2 表示「に対して」的前续名词，N3 表示构成谓语动词宾语的名词，V 表示谓语性词语。即「に対して」句可转化为"N1+N2に対して(+N3)+V"。

　　有关「に対して」与其前续名词构成的短语在句子中充当表示宾语的语法成分，可以转化如下：

　　「N1がN2に対して（○を）V」，即「に対して」可以同表示宾语的格助词「を」替换使用，参照以下例句：

（1）a 「新企画に参加する人は、宣伝に必要な時期とか、完成に自信が持てるようになったあたりまでとか、とにかく目鼻がつくまでは、新企画に対して（○を）、社内でも口外しないことである。」
　　　　"参与新企划案项目的人，除非是宣传需要，或者对新企划案完全有把握，总之在有眉目之前，新企划案的情况对公司内部的人都不能透露。"
　　b 「追及に対して（○を）、石津は全面的に否認した。」
　　　　"石津对追责全面予以否认。"
　　c 「つい最近始めたばかりだと言えば、相手もちょっと商品に対して（○を）信用出来ないだろうと思ったからです。」
　　　　"是最近才开始，因为我觉得对方可能对商品也有点不太信任。"

　　[①] 有关复合格助词「に対して」，具体参考焉小兵：日本語の複合格助詞「に対して」と中国語の介詞"対"，『文教大学文学部紀要』第 16-2 号，2003；马小兵：日语复合格助词"に対して"和单个格助词"に"的替换使用，《语言学研究》第 3 辑，高等教育出版社，2004；马小兵：《日语复合格助词与语法研究》，深圳报业集团出版社，2011。

d 「共通してみられるのは、指摘しているその変化に対して（〇を）筆者が大いに残念がっているという点だ。」
"被认为共通的一点是，作者对于指出的这个变化深表遗憾。"
e 「ドイツでは子供の能力に対して（〇を）遠慮なく公開的に選別する。」
"在德国会毫不客气地公开筛选。"

在例（1）中，「に対して」出现在本应是表示宾语的格助词「を」出现的位置上，「に対して」短语实际上起到了直接修饰谓语动词，构成谓语动词所必需的宾格成分的作用。针对「に対して」短语的上述用法，首先对其构成句子的结构进行观察，可以归纳出以下现象：

1. 句子的主语由下列词语构成：
「相手・石津・インテリ・加藤・彼女・彼・関川・太郎・ドイツ・母・筆者・人・犯人・僕・由紀子・わたし」。

2. 「に対して」的前续名词由下列词语构成：
「裏切り・彼女が疲れていること・漢字・行動・3年生が2年生を殴ったこと・自分・主張・商品・新計画・侵入・そのこと・追及・出来事・党幹部・農業批判・能力・反応・防衛・両方・隣人」。

3. 句子的谓语由下列词语构成：
「贖う・嫌がる・援助する・遠慮する・思う・解釈する・懐柔する・悲しむ・感謝する・勘違いする・空襲する・警戒する・嫌悪する・口外する・残念がる・指導する・渋る・知る・心配する・準備する・信用する・説得する・選別する・調査する・同情する・とりなす・排除する・排斥する・否認する・批判する・評価する・放任する・無視する・容赦する・喜ぶ」。

根据上述现象，可以对「N1がN2に対して（〇を）V」句式做出如下分析：

1. 句子的主语均由表示人的词语构成；

2. 「に対して」的前续名词多数由可以表示某种倾向、某个侧面或者事件的词语构成，显示一个抽象的目标；

3. 句子的谓语基本上由表示抽象的思维活动的动词构成。

在上述条件下,「に対して」短语构成一个带有主观性色彩的、显示方向性的、句子谓语的支配对象。也就是说,在「N1がN2に対して(○を)V」中,N1、N2和V之间的关联可以概括为N1把N2作为V要求的支配对象进行支配,「に対して」提示句子的宾语,并赋予一定的方向性。

从句法上讲,例句(1)中的「新企画に対して口外する・追及に対して否認する・商品に対して信用する・変化に対して残念がる・能力に対して選別する」基本起到了「新企画を口外する・追及を否認する・商品を信用する・変化を残念がる・能力を選別する」的作用;

从谓语动词的功能上讲,「に対して」实际上替代了「口外する・否認する・信用する・残念がる・選別する」要求的宾格「を」;

从词义上讲,「口外する・否認する・信用する・残念がる・選別する」本身没有指向之意,「に対して」短语在满足谓语动词要求的支配对象的同时,还在一定程度上显示谓语动词的方向。

同时,从例句(2)中可以得到某种启示。在例句(2)中,从语义的角度考虑,「侵入」可以构成谓语动词「排除する」的支配对象,即宾语,但是,句子中同时存在表示宾语的「それを」,因而,例句(2)是通过「に対して」短语把句子的宾语「侵入」提示出来,并赋予一定的方向性,同时,为了保证句子的完整,使用指示代词「それ」复指宾语,构成:「N1がN2に対してそれをV」(「それ」复指N2),而复指部分的「それを」有时不必表现出来。

(2)「多様な異物の侵入に対して、それを個別的に排除していくために、…」

"为了一个一个地对多种的异物侵入进行排除,……"

另外,在「N1がN2に対して(○を)V」这一句式中,有时「に対して」的前续名词在语义上虽然不是谓语动词的支配对象,但却可以构成谓语动词所组成的动宾短语中的宾语的支配对象,即:「N1がN2に対してN3をV」=「N1がN2をV(N3)」。

（3）a 「そこで僕はわかったのですが、顔に痣とか傷のある人の心理に対して、僕は随分今まで勘違いをしていた、ということです。」

"于是，我明白了。迄今为止，我对脸上有痣或者有伤痕的人的心理，产生了许多误解。"

a′「顔に傷のある人の心理を勘違いしていた。」

"我一直误解了脸上有伤痕的人的心理。"

b 「だいいち私はいったい誰に対して警戒をすればいいのだ？」

"首先，我应该对谁实施防范呢？"

b′「私はいったい誰を警戒すればいいのだ？」

"我到底防范的应该是谁呢？"

c 「そのことに対して私は、いささかの後悔もしてはいない。」

"对这件事情，我没有一丝后悔。"

c′「そのことを私は、後悔してはいない。」

"我不后悔做这件事情。"

d 「私は落合さんに対してなにか誤解をしていたようなところが、まだあったんように思います。」

"我觉得自己对落合的误解至今还存在着。"

d′「私は落合さんを誤解していた。」

"我误会了落合。"

e 「人々は彼に対して尊敬の念を抱いたりする。」

"人们对他心怀敬意。"

e′「人々は彼を尊敬する。」

"人们尊敬他。"

在例（3）中，通过「に対して」短语的使用，使「N1がN2をV」转换成「N1がN2に対してN3（＝V）をV（形式动词）」，「に対して」短语在表示谓语动词要求的支配对象的同时，还显示谓语动词的

方向。

第二节　日语复合格助词「について」[①]

日语复合格助词「について」构成的句子（以下简称「について」句）是指以「について」引进某一对象构成的成分修饰后面的谓词性词语组成的句子，「名词+について」结构的作用类似汉语中的介词短语。例如：

(4) a 「この問題について慎重に検討しなければならない。」
　　　"关于这个问题必须慎重研究。"
　　b 「調度、家具、衣裳のさまざま、男の服装のセンスについてもゆきとどいているんですね。」
　　　"对于日用器具、家具、各种服装款式和男装的审美等也都无可挑剔。"
　　c 「宮地老人についてほとんど自分の父親に対するような懐かしさを持っているのが……」
　　　"对于宫地老人，他几乎是怀有像对自己父亲一样的眷恋之情。"
　　d 「その写真について懐かしい思い出がある。」
　　　"在那张照片里充满了使人怀念的往事。"
　　e 「しかし、いま目の前の医者に、そんなことを話してみても、母の病気について真の原因を訊き出すことは、おそらく不可能であるばかりでなく、無駄なことにちがいなかった。」
　　　"但是，即使和眼前这位医生那样商量，大概也不会问出有关母亲患病的真正原因，而且肯定是白费时间。"

[①] 有关复合格助词「について」，具体参考马小兵：试论日语复合格助词"について"与汉语介词"关于"的对应关系，《汉日语言研究文集》五，北京出版社、文津出版社，2002；馬小兵：日语复合格助词「について」的语法特点，『言語文化研究科紀要』創刊号，文教大学大学院，2015。

以往有关日语复合格助词「について」的研究，仅仅限于对其意思的解释和说明，对「について」句包含哪些句子成分，这些句子成分同「について」与前续名词组成的短语之间构成何种关系，并没有给予明确的说明。

本书在以往有关「について」基本意义和用法的研究成果基础之上，从语法结构的角度分析「について」（包含其前续名词）作为构成句子的成分之一，可以与句子的宾语、对象语、补语替换使用，也可以修饰整个谓语部分，从而阐明「について」在语法方面的特点。

2.1「について」的语法特点

为了行文方便，针对「について」句，本书用N1表示构成主语的名词，N2表示「について」的前续名词，N3表示构成谓语动词宾语的名词，V表示谓语动词。即「について」句可转化为"N1+N2について(+N3)+V"。

本节所说的语法特点，即「について」与前续名词构成的短语在句子中充当怎样的语法成分。有关「について」语法功能的论述并不多见，具体概括如下：

1.「N1がN2について［○を（宾语）］V」，即「について」可同表示动作对象的格助词「を」替换使用的类型；

2.「N1がN2について［○が（对象）］V」，即「について」可同表示对象的格助词「が」替换使用的类型；

3.「N1がN2について［○に（对象）］V」，即「について」可等同于表示动作或者态度所关联、涉及的对象的格助词「に」替换使用的类型；

4.「N1がN2について（×を×が×に）V」，「について」不能等同于上述「を」「が」或者「に」以及其他格助词替换使用的类型。

(5) a「川端文学について（○を）研究する。」
　　"就川端文学进行研究。"
　b「他人との交際についても（○が）いままでと違っていた。」

"他同别人的交往也不同于往日。"
c 「生徒の疑問について（○に）答える。」
"对学生的问题进行回答。"
d 「その写真について（×を×に）懐かしい思い出がある。」
"在那张照片里充满了使人怀念的往事。"

2.2 「について」构成的短语与句子其他成分的关联

本小节主要论述「について」与前续名词构成的短语在句子中充当哪些语法成分，在语法上与句子的其他语法成分是否发生关联。

一、「N1がN2について（○を（宾语））V」

此种情况，「について」相当于表示谓语动词支配对象即宾语的格助词「を」，直接修饰谓语动词，与其前续名词共同构成谓语动词所必需的宾格成分。

从句法上讲，N1、N2和V之间的关联可以概括为N1通过V把N2作为谓语动词要求的宾语，（6）a中的「価格について聞いてみる」基本等于「価格を聞いてみる」；（6）b中的「対応について協議する」基本等于「対広を協議する」。

谓语动词，从功能上讲，基本为表示语言活动以及思考活动的动词；有时也可为表示具体动作的动词，如（6）c所示。但是，「について」不能构成表示具体动作动词的宾语，此时只有「については」才能构成表示具体动作动词的宾语。（6）c中的「超える大型手荷物については、お預かりできない」基本等于「超える大型手荷物をお預かりできない」。

(6) a 「この間、このメーカーの技術担当主任を呼んで、もう1度、詳しい説明をさせ、価格についても聞いてみたのです。」
"前几天，我们把这家制造厂的技术主任叫来，再次让他做了详细的说明，关于价格，我们也打听了一下。"
b 「政府・自民党は十日午後、首相官邸で、二階堂自民党副総裁を団長とする訪米団の派遣を前に、日米間の経済摩擦問題

の対応について協議した。」

"关于如何解决日美之间的经济摩擦问题，政府和自民党10日下午，于首相官邸在派遣以二阶堂自民党副总裁为团长的访美代表团之前，进行了协商。"

c「1辺が120cm（47インチ）を超えるまたは3辺（長さ・高さ・奥行き）の和が203cm（80インチ）を超える大型手荷物については、お預かりできない場合もございますので、あらかじめお申し込みの旅行会社もしくはガルーダ・インドネシア航空までお問い合わせください。」

"关于边长超过120cm（47英寸），或者长、宽、高的和超过203cm（80英寸）的大件随身行李，因为可能无法寄存，请提前咨询报名的旅行社或者印度尼西亚航空公司。"

二、「N1がN2について（○が（対象））V」

关于表示对象的格助词「が」，久野（1973）进行过如下论述：

在日语中，有些句子成分，如果从词意角度考虑，应该使用宾格助词「を」，但是实际上使用的却是「が」。上述情况限于以下语句：

（11）表示能力的形容词、形容动词：「上手、苦手、下手、得意、ウマイ」

誰ガ英語ガ上手デスカ。

（12）表示内心感情的形容词、形容动词：「好キ、嫌イ、欲シイ、コワイ」

僕ハオ金ガホシイ。

（13）动词+「タイ」

僕ハ映画ガ／ヲ見タイ。

（14）表示可能的动词：「デキル、レル／ラレル」

誰ガ日本語ガデキルカ。

（15）不表现自我意识的感觉动词：「解ル、聞コエル、見エル」

アナタハ日本語ガ解リマスカ。

（16）表示所有、必要的动词：「アル、要ル」
　　　私ハオ金ガ要ル。
……（中略）……
　　动词一般来说表示动作，但也有少数动词表示状态。如：动词的「タイ」形、表示可能的「レル／ラレル」，以及「デキル、解ル、聞コエル、見エル、アル、要ル」等就是表示状态的动词。

　　意味の上から目的格「ヲ」が現われることが期待されるところに「ガ」が現われるのは，次の構文に限られている。

(11) 能力を表す形容詞，形容動詞：上手，苦手，下手，得意，ウマイ
　　　誰ガ英語ガ上手デスカ。
(12) 内部感情を表す形容詞，形容動詞：好キ，嫌イ，欲シイ，コワイ
　　　僕ハオ金ガホシイ。
(13) 動詞+タイ
　　　僕ハ映画ガ／ヲ見タイ。
(14) 可能を表す動詞：デキル，レル／ラレル
　　　誰ガ日本語ガデキルカ。
(15) 自意志によらない感覚動詞：解ル，聞コエル，見エル
　　　アナタハ日本語ガ解リマスカ。
(16) 所有，必要を表す動詞：アル，要ル
　　　私ハオ金ガ要ル。
……（中略）……
　　動詞は概して動作を表わすものであるが、例外として状態を表わすものが少数ある。動詞のタイ形、可能を表わすレル／ラレル形、及び、「デキル、解ル、聞コエル、見エル、アル、要ル」などがそれである。[1]

---

[1] 久野暲：『日本文法研究』，大修館書店，1973，第51—52頁。

此种情况，「について」相当于表示谓语动词要求的对象语的格助词「が」，直接修饰谓语动词，与其前续名词共同构成谓语动词所必需的对象格成分。

从句法上讲，N1、N2和V之间的关联可以概括为N1通过V把N2作为谓语动词要求的对象语，（7）a中的「関係について分かる」基本等于「関係が分かる」；（7）b中的「服装のセンスについてゆきとどく」基本等于「服装のセンスがゆきとどく」。（7）c中的「交際について違う」基本等于「交際が違う」。

（7）a「同社は「このトラブルと事故との関係について現時点では分かっていない」（某副社長）としている。」
"该公司(一位副经理)表示：'关于这项故障和事故的关系，现阶段还不清楚。'"

b「調度、家具、衣裳のさまざま、男の服装のセンスについてもゆきとどいているんですね。」
"有关日用器具、家具、各种服装款式和男装的美感等也都无可挑剔。"

c「他人との交際についてもいままでと違っていた。」
"他同别人的交往也不同于往日。"

三、「N1がN2について（○に（対象））(N3を) V」

此种情况，「について」相当于表示动作或者态度所关联、涉及的对象的格助词「に」，直接修饰谓语动词，与其前续名词共同构成谓语动词所必需的补格成分。

从句法上讲，N1、N2和V之间的关联可以概括为N1通过V可以把N2作为谓语动词要求的对象。从谓语动词的功能上讲，（8）a的「答える」要求的补格「に」可以用「について」替代，「疑問について答える」基本等于「疑問に答える」；（8）b的「投書を出す」要求的补格「に」可以用「について」替代，「個室寝台について不満の投書を出す」基本等于「個室寝台に不満の投書を出す」；（8）c的「不信感を抱く」要求的补格「に」可以用「について」替代，「装具について不信感

を抱く」基本等于「装具に不信感を抱く」。

  （8）a「生徒の疑問について答える。」
     "对学生的问题进行回答。"
    b「しかも、中河は「富士」の個室寝台について、不満の投書を出している。」
     "而且中河写信陈述了自己对'富士'单间卧铺的不满。"
    c「赤岳から、行者小屋へ下山するつもりだったが、それをやめて、もときた道をたどろうと決めたのは、一つには彼の装具について不信感を抱いたから、それ以上、未知への突貫はさけるべきであるということと、もう一つは、硫黄岳であの強風ともう一度戦って見たかったからである。」
     "最初是准备从赤岳下山到修行者小屋的，但是之所以没有那样做，而决定由上山的路线返回，是因为对他自己的登山装备有些信心不足，所以认为应该避免对未知世界的贸然行动，同时也是因为想在硫黄岳同那股强风再较量一番。"

  四、「N1がN2について（×を×に）V」
  此种情况，「について」与前续名词并不构成谓语动词所必需的格成分，而是起到一个副词性成分的作用。
  从句法上讲，在N1、N2和V的关联中，N2并不是谓语所要求的语法成分；
  从语法功能上讲，（9）a的「写真について」修饰限定整个谓语部分「思い出がある」；（9）b的「次期教授問題について」修饰限定整个谓语部分「われわれの意見をまとめる」，同时，在（9）b中，「次期教授問題について」还可以构成句子宾语的连体修饰语，即构成「次期教授問題についてのわれわれの意見を」的形式。（9）c的「ひとりひとりについて」修饰限定整个谓语部分「アリバイ調べをやる」，同样，在（9）c中，「ひとりひとりについて」也可以构成句子宾语的连体修饰语，即构成「ひとりひとりについてのアリバイ調べを」的形式。据此，在此种类型的句子中，「N2について」仅仅构成一个副词性成分，并经常出现于

句首。

(9) a 「その写真について懐かしい思い出がある。」
"在那张照片里充满了使人怀念的往事。"
　　b 「今日は医局の重だったメンバーに集まって貰い、緊急に次期教授問題について、われわれの意見をまとめようというわけなんだ。」
"今天请诊疗部门的各位重镇到会，是为了就下一任教授的聘任问题紧急进行磋商，拿出我们的意见。"
　　c 「もし、それでなかったら、ぼくは犬神家の一族の、ひとりひとりについて、アリバイ調べをやらなければならなかったわけです。」
"否则我们就得一一调查犬神家每个人的不在场证明。"

第三节　本章总结

本章对可以代替日语宾语「を」，以及对象语「が」的复合格助词「に対して」和「について」分别进行了论述，其共同特征可以归纳如下：

一、谓语动词一般为表示言语行为或思维行为等的抽象动词；

二、在替代宾语「を」时，「に対して」倾向于抽象的目标，具有明显的指向性；「について」倾向于一个范围的设定；

三、句子主语多为表人的词语构成，句子多表人的心理、思维活动等意。

第七章

充当句子实际补语的复合格助词
——「をもって」的语法特点和语义特征

高桥（2005）指出："所谓补语是句子中为了实现和完成谓语所表示的动作、状态、关联而要求的主语之外的句子成分。"「補語とは、述語の表す動き・状態・関係の実現・完成のために要求される主語以外の成分である。」[1]

本书第二章指出，具备一定条件，日语复合格助词可以代替单一格助词，表示句子的补格，即表示句子的补语。

代替单一格助词，表示句子补格的日语复合格助词数量较多，本书作者针对此类复合格助词进行过论述，包括替代补格「に」「で」的复合格助词「として」；替代补格「に」的复合格助词「に対して」；替代补格「に」的复合格助词「にとって」；替代补格「に」的复合格助词「にむかって」；替代补格「に」的复合格助词「にむけて」等。

---

[1] 高橋太郎：『日本語の文法』，ひつじ書房，2005。

第七章　充当句子实际补语的复合格助词

本章以表示句子实际补语的复合格助词「をもって」①为中心，展开论述。

第一节　引言

日语复合格助词「をもって」构成的句子（以下简称「をもって」句）是指以「をもって」搭配某一对象构成的成分修饰后面的谓词性词语组成的句子。「名词+をもって」（以下简称「をもって」短语）结构的作用类似汉语中的介词短语。例如：

(1) a「当店は7時をもちまして閉店させていただきます。」
　　　"本店7点关门。"
　　b「村人たちは満面の笑みをもって、我々を迎えてくれた。」
　　　"村里人满脸笑容地迎接了我们。"
　　c「彼は謀反のかどをもって極刑に処せられた。」
　　　"他被以谋反的理由处以极刑。"
　　d「論文の提出をもって、試験のかわりとする。」
　　　"以提交论文的形式代替考试。"

以往有关日语复合格助词「をもって」的研究，仅仅限于对其意思的解释和说明，对「をもって」句包含哪些句子成分，这些句子成分同「をもって」与前续名词组成的短语之间构成何种语法和语义关系等，并没有给予明确的说明。具体包括下列问题：

「をもって」的前续名词的语义特点如何，其前续名词与「をもって」短语所表示的意思之间是否存在某种意思上的关联；「をもって」句中的谓语动词是否可以带宾语，如果宾语存在，那么构成宾语的名词和「をもって」的前续名词及谓语动词之间又是何种关联；「をもって」短语在句子中处于何种语法地位等。

---

① 参考馬小兵：複合格助詞「をもって」について，『筑波日本語研究』第16号，筑波大学日本語学研究室，2012。

本章在吸收以往有关「をもって」基本意义和用法方面研究成果的基础之上，从结构的角度分析「をもって」短语作为构成句子的成分之一，分别与句子的谓语、宾语以及整个句子产生何种关联，并对「をもって」短语构成的句子进行分类，从而阐明「をもって」短语在句子中的语法和语义方面的特点。

第二节　以往有关「をもって」意义和用法的论述及问题所在

关于日语复合格助词「をもって」的基本意义和用法，森田、松木（1989），日语教育事典（2005）等均有过不同程度的论述。本书在总结上述研究的基础之上，整理归纳了日语复合格助词「をもって」的基本意义和用法如下：

为了行文方便，针对「をもって」句，本章用N1表示构成主语的名词，N2表示「をもって」的前续名词，N3表示构成谓语动词宾语的名词，V表示谓语动词。即「をもって」句可转化为"N1+N2をもって(+N3)+V"。

一、N2表示某一时间点

「をもって」短语表示某个事件或者某种事物的开始、结束，显示范围和限度。

(2) a「一月一日をもって所長に就任した。」
　　　"从1月1日起就任所长。"
　　 b「当店は本日をもって閉店いたします。」
　　　"本店自今日起停止营业。"
　　 c「本日正午をもって、夏時間に切り替わる。」
　　　"即日正午起改为夏季时间。"

二、N2表示某种手段

「をもって」短语表示某种手段、方法、材料。

(3) a「今後爆弾には爆弾をもって報ゆるであろう。」

"今后要以炸弹回应炸弹吧。"

b「村人たちは満面の笑みをもって、我々を迎えてくれた。」

"村里人满脸笑容地迎接了我们。"

c「回答は書面をもって通知いたします。」

"将以书面形式进行答复。"

三、N2表示某种理由

「をもって」短语表示某种理由、原因。

(4) a「彼は謀反のかどをもって極刑に処せられた。」

"他被以谋反的理由处以极刑。"

b「買主は商品の瑕疵をもって、売買契約を破棄することができる。」

"买主可以以产品存在瑕疵为由，撕毁买卖合同。"

c「私、この度、老齢をもって会社の第一線から退くことになりました。」

"因本人年事已高，故退居二线。"

四、N2表示某种状态

「をもって」短语表示处于某种状态。

(5) a「八千代は自分でもふしぎに思う。克平以外の人間には彼女はむしろ寛大な気持をもってむかうことができる。」

"连八千代自己都感到奇怪，为什么除了克平之外，她都能以一颗宽大之心对待。"

b「人間は如何にして天空に憧れ、飛行の精神をもって如何に世界を認識してきたか。」

"人类是怎样憧憬天空、以飞行之精神认识世界的呢？"

c「大きな発見が、ときに、霊感によってなしとげられるように伝えられるのも、この酵素が思いもかけないところから得られたのを第三者が驚異をもってながめるときの印象であろう。」

"有时，惊人的发现就来自那刹那间的灵光一现。比如从意想不到的地方发现酶的存在，外人只能瞠目结舌、注目远观。"

五、N2表示句子的宾语

「をもって」短语强调通常由宾格助词「を」所表示的宾语。

(6) a 「そしてそれ以前は各国ともおおむね自国の首府か主要天文台を通る子午線をもって基準としていたからである。」
"因为一直以来，各国大体上都将穿过自己国家首府，或主要天文台的子午线作为基准。"

b 「宮崎市定は文明の孤立的発展はあり得ないと断定し、文明の交流をもって歴史の主軸と見極め、従来のヨーロッパ中心史観を痛撃して、歴史の一元論的および進化論的な公式主義を強く批判する。」
"宫崎市定断定文明难以孤立发展，认定文明的交流为历史的主轴，痛击以往以欧洲为中心的历史观，对历史一元论以及进化论性质的教条主义进行强有力的批判。"

c 「彼をもって画家の第一と推したいが、」
"想推举他为画家第一人。"

第三节 「をもって」之前续名词

我们在整理归纳复合格助词「をもって」基本意义和用法的过程中，发现「をもって」的前续名词的语义与「をもって」短语所表示的意义具有较大的关联，并呈现一定的规律。为此，本书作者共调查了1000例左右含有复合格助词「をもって」的例句，就其前续名词的语义与「をもって」短语所表示的意义之间的关联进行了考察，并对其规律性进行了验证，具体如下：

3.1 N2为表示日期、时间的名词

「をもって」的前续名词表示日期、时间等意思时，「をもって」

短语显示某种基准和界限，具体表现事物的开始、结束或者某种限制，例如：

「以上・帰国日・この日の午前零時・今回・今シーズン・三十代・12時・四月一日・7時・その日・只今・本日・本日正午・本日づけ・来年三月」等。

(7) a 病気治療のために一時帰国する場合などは、帰国日をもって健康保険に復帰させるそうです。」
"为了治疗而临时回国，从回国之日算起，（费用）改由健康保险承担。"
b 「学園は来年三月をもって移転ということになりますが。」
"学校决定从明年三月开始搬迁。"
c 「浅尾選手は「わたし、浅尾美和は2012年...、今シーズンをもちまして、引退させていただくことになりました」と話した。」
"浅尾选手表示：'我浅尾美和于2012年……本赛季引退。'"

在考察该类型用例的过程中，我们还发现「をもって」短语在表示上述意思时，有时「をもって」的前续名词还可以表现为表示其他意思的名词，例如：「あいさつ・これ・公演」等。

(8) a 「運動会は校長のあいさつをもって、閉会となります。」
"运动会以校长致辞为结尾正式闭幕。"
b 「これをもちまして、本日の公演はすべて終了いたしました。」
"今天的演出到此全部结束。"
c 「グラビアアイドルユニット・YGAが、2013年3月3日に東京・品川ステラボールで開催される公演をもって解散することが発表された。」
"泳装女星偶像团体YGA将以2013年3月3日在东京品川举行的公演为告别演出而宣告解散。"

综上所述，「をもって」短语中的名词表示日期、时间等意思时，「をもって」短语显示实施谓语动词的时间点；而当谓语动词为「閉会となる」（"闭会"）、「終了する」（"结束"）、「解散する」（"解散"）表示终了等意思时，「をもって」短语中的表示其他意思的名词则成为其终了意思的标志。

3.2 N2 为表示具体方法的名词

「をもって」的前续名词表示具体方法的意思的名词时，「をもって」短语显示实现谓语动词的手段、方法和材料，例如：

「駅弁・外貨・仮説・技術・基準・奇兵・剣・色彩・重税・書面・姿・正当の処置・テクニック・毒・匂い・拍手・目的・百恵現象・「連続的」な差・笑い」等。

(9) a 「試験の結果は、一週間後に書面をもってお知らせします。」

"考试的结果会于一周后以书面形式进行通知。"

b 「彼は、ありとあらゆる言葉や行動、そして高度の法的テクニックをもって当局に抵抗している珍しい人物で、法的人間（ホモー・ユーリデイクス）の名に恥じない御方です。」

"他是一个以所有的言语、行动和高度的法律技巧抵抗当局的罕见人物，不负精通法律之盛名。"

c 「あなたにとって仕事とは何ですか？どのような目的をもって仕事をしていきたいかも踏まえて、（エントリーシートを）お書きください。」

"请考虑下列问题，并填写（报名申请表）。即对你来说，工作是什么？你将抱着怎样的目的工作下去。"

综上所述，「をもって」短语中的名词为表示具体方法等意思的名词时，「をもって」短语表示以其前续名词所表示方式、方法具体实施谓语动词。

3.3 N2 为表示抽象性事物的名词

「をもって」的前续名词为表示抽象性事物等意思的名词时，「をもって」短语显示实现谓语动词的状态和理由，例如：「憧れ・威厳・一元化・意志・意識・訴え・重み・思惑・覚悟・確信・確率・感懐・感慨・感謝・期待・疑念・緊張感・好意・自信・情熱・親近感・誠意」等。

(10) a 「最近の医学の進歩により、二十二週くらいで早産する赤ちゃんも助けることができる。と言っても、もちろん大変で、ここで働く医者や看護婦は大変な緊張感をもって仕事をしている。」
　　　"由于近来医学的进步，早产22周的婴儿也可以得救。话虽如此，救助工作当然很不容易，这里的医生和护士都保持着高度紧张的工作状态。"
　　b 「美智子は誠意をもってあの人にそう言った。」
　　　"美智子满怀诚意地对他说。"
　　c 「いかなる文化といえども、自分たちの文化に自信をもって、外国人を前にして自然にふるまうことができるというのは、最もすぐれた文化接触のあり方であると私は思っている。」
　　　"我认为，无论什么样的文化，对自身的文化有信心，在外国人面前表现自然，这是最为优秀的文化接触方式。"

综上所述，「をもって」短语中的名词为表示抽象性事物等意思的名词时，「をもって」短语表示以其前续名词所表示的具体理由，或者是在其所表示的具体状态下实施谓语动词。

第四节　「をもって」短语在句子中所充当的语法成分

本章结合上述「をもって」短语所表达的语义和具体用法，就「をもって」短语在句子中与谓语以及其他句子成分之间的关联进行了考察，分析

归纳了「をもって」短语在句子中构成的语法成分,具体如下:

4.1 构成次要格性质补语

在句子结构中,「をもって」短语构成修饰谓语的次要格性质补语,作为其形态特征,一般可以和单一格助词「で」替换使用。

(11) a 「一次産品を輸出し、そうして入手した外貨をもって先進国から技術や部品、中間製品、機械設備などの工業化の基礎的諸条件を導入し、これによって工業化を進めていくという方式、いわゆる「一次産品輸出を通じての工業化」を考えることができる。」

"我们可以考虑以出口初级产品换取的外汇,从国外引入先进技术、零件、半成品、机械设备等,满足工业化基础条件,并以此推进工业化进程,即所谓的'以出口初级产品带动工业化'的方式。"

b 「正直にいって、こちらに大砲がない以上、妙策というほどのものはない。敵の正攻法に対しては、奇兵をもってするしかないが。」

"坦率地说,我方既然没有大炮,就没有什么妙计。对于敌人的正面进攻,只有出奇兵而攻之。"

c 「他の国であったならば、その道の専門家としては一顧だにされないような、能力のない(あるいは能力の衰えた)年長者が、その道の権威と称され、肩書をもって脚光を浴びている姿は日本社会ならではの光景である。」

"这种情况是日本社会特有的,即如果是在其他国家,他们仅仅是在这个领域不值一提、碌碌无能(或者能力衰退)的上了年纪的人;而在日本则称之为该领域的权威,肩负头衔,受人瞩目。"

4.2 构成副词性补语

在句子结构中，「をもって」短语构成修饰谓语的副词性补语，作为其形态特征一般不能和包括「で」在内的单一格助词替换使用。

(12) a「四十代以後でも成功例はあるし、歴史に範を求めれば、今日の三井財閥の基礎を造った三井高利が、それまでの伊勢松坂での質屋という商売から、一転決意して、江戸と京都に越後屋と称する呉服屋を開き、これまでの相対ずくの商法から、現金正価販売という正札つきの商売に勇断をもって切り変え、遂に大商人に成り上がったのは、高利が五十四歳の時であった。」

"即使是40岁以后也有成功的事例，从历史上来看，奠定了今日三井财阀基础的三井高利就是毅然决然从其一直在伊势松坂从事的当铺业转向东京和京都，开起了名为越后屋的绸缎庄，从以往双方商议的经商方式果敢地转入到明码实价买卖贸易，终于在他54岁时成为巨商。"

b「足の裏も、熱をもって痛みはじめた。」

"脚底开始火辣辣地疼。"

c「好奇心が旺盛であることは、つねに疑問をもって現象を考察することであり、より知的なアプローチができるのである。」

"充满好奇心是指，总是以怀疑的眼光观察世界，能够更加智慧地进行探索。"

4.3 构成实质性宾格补语

在句子结构中，「をもって」短语出现在表示宾格的格助词「を」的位置，强调宾格格助词「を」，实际上替代了该宾格格助词，构成实质性宾格补语。此时，「をもって」短语构成修饰谓语的必须格性质的补语，作为其形态特征一般表现为「～をもって＋～と（に）＋Ｖ」的形式。

(13) a 「大抵の親どもは、子どもの身心への影響など考えずに子どもらの欲しがるものを買い与え、買い与えることをもって愛情と誤解している。」

"大多数父母并不考虑对孩子身心的影响，给予孩子希望得到的东西，把这种给予误解为关爱。"

a′ 「～ことを愛情と誤解する。」

"把……误解为关爱。"

b 「そうはいっても、やはりこれだけの決心がつくのは、三十代をもって最終とすると考えたほうがよい。」

"话虽如此，人过四十就无法下这么大的决心了。"

b′ 「三十代を最終とする。」

"把三十到四十岁作为最后的机会。"

c 「苟も文学を以て生命とするものならば単に美といふ丈では満足が出来ない。」

"倘以文学为生命，仅凭美字难蔽之。"

c′ 「文学を生命とする。」

"以文学为生命。"

如上述例句（13）所示，在该例句中，（13）a、b、c各句分别可以理解为（13）a′、b′、c′。

如例句（14）所示，谓语动词「みなす」"看作"需要主格「～が」、宾格「～を」、补格「～と」等句子成分，即「～が～を～とみなす」，而「をもって」的前续名词「書類・中国・レポート」即为宾格「～を」所要求的名词，在语义上可以理解为「をもって」的前续名词基本等于补格「～と」所要求的「を」名词。

(14) a 「この書類をもって、証明書とみなす。」

"以此文件为证明。"

「書類＝証明書」

b 「食は中国をもって第一とする。」

"在饮食上，中国当属第一。"

「中国＝第一」
c「このレポートをもって、結果報告とする。」
"以这个报告为结果。"
「レポート＝結果報告」

第五节 「をもって」语法特点与语义特征

5.1「をもって」的语义特征

本章在总结以往有关日语复合格助词「をもって」研究的基础之上，整理归纳其基本语义和用法如下：

1. 表示某一时间点。
2. 表示某种手段。
3. 表示某种理由。
4. 表示某种状态。
5. 表示句子的宾语。

5.2「をもって」的语法特点

本章根据「をもって」短语的语义和具体用法，就「をもって」短语在句子中与其他句子成分之间的关联进行了考察，分析归纳了「をもって」短语在句子中构成的语法成分，具体如下：

1. 构成非必须格性质补语。
2. 构成副词性补语。
3. 构成实质性宾格补语。

第六节 本章的总结

本章在总结以往有关日语复合格助词「をもって」研究的基础上，从结构的角度分析了「をもって」短语作为构成句子的成分之一，分别与句子的谓语、宾语以及整个句子发生的关联；从句法和语义的角度，详细论述了「をもって」的相应特点。

第八章

复合格助词与单一格助词的融合及分工

在日语中，相对于数量仅有10个的单一格助词，复合格助词以及相当于复合格助词的表现形式则多达几十个。

那么，在日语的实际使用当中，单一格助词和复合格助词是两条平行线，各司其职，还是有机交织结合在一起，相辅相成呢？

本章具体阐述日语单一格助词和复合格助词的融合与分工。

第一节 复合格助词与单一格助词的替换使用

有关日语复合格助词与单一格助词的替换使用，以往研究有所论及，其中颇具代表性的研究可举塚本（1991）。

塚本（1991）在谈及日语复合格助词的语法特点时，罗列了日语复合格助词与单一格助词替换使用的基本情况，具体如下：

「～において」と「で」、「～について」「～に関して」と「を」、「～に対して」と「に」、「～にとって」と「に」、「～によって」と「に」、「～をおいて」と「よ

り」、「～を指して」「～を目指して」と「へ」、「～をして」と「に」、「～をもって」と「で」、「～でもって」と「で」、「～として」と「に」「で」、「～のために」と「に」、「～とともに」「～といっしょに」と「と」

然而，塚本（1991）虽然以「～について」「～に関して」「を」和「～によって」「に」为例，对日语复合格助词与单一格助词替换使用的具体条件和限制进行了较为深入的探讨，但是，并没有论及产生替换现象的原因。

有关复合格助词与单一格助词的替换使用，本书作者曾经就「～について」「～に関して」と「を」、「～に対して」と「に」、「～にとって」と「に」、「～をもって」と「で」、「～として」と「に」「で」、「にむかって」と「に」、「にむけて」「に」等替换现象进行过论述。

但是，本书作者在上述论述中，仅仅限于复合格助词与单一格助词替换使用的具体条件和限制，没有触及产生替换现象的原因。

第二节　复合格助词与单一格助词替换使用原因之分析

通过对复合格助词与单一格助词替换使用的考察，可以观察到一个现象，即一个单一格助词可以和几个复合格助词替换使用。

本节重点考察一个单一格助词和几个复合格助词替换使用的情况，并试分析其潜在的深层次原因。

2.1「で」与「において」「をもって」「として」

（1）「マスコミはある意味で（○において）、人を傷付ける武器にもなる。」
　　　"在某种意义上，媒体也可以是伤害人们的武器。"
　　　"于某种意义上来讲，媒体也可以是伤害人们的武器。"

（2）「採用試験で合否は書面で（○をもって）お知らせしますと言われました。」
"他们告知我说，会书面告知面试的结果。"
"他们告知我说，会以书面的形式告知面试的结果。"

（3）「怪我で試合に出られなかったが、粘って応援要員で（○として）、残った。」
"虽然我因伤无法参赛，但我坚持作为工作人员留了下来。"
"虽然我因伤无法参赛，但我坚持以工作人员的身份留了下来。"

在例句（1）、（2）、（3）中，单一格助词「で」可以与复合格助词「において」「をもって」「として」替换使用。

从构成句子成分的角度分析，「意味で」或者「意味において」、「書面で」或者「書面をもって」、「応援要員で」或者「応援要員として」均构成句子的次要格成分，修饰谓语动词。

从语义的角度进行分析，「意味で」或者「意味において」表示谓语部分「人を傷付ける武器にもなる」的范围；「書面で」或者「書面をもって」表示谓语动词「お知らせします」进行的手段；「応援要員で」或者「応援要員として」表示谓语动词「残る」呈现的样态。

即单一格助词「で」通过与复合格助词「において」「をもって」「として」的替换使用，将单一格助词「で」本身具有的三个不同语义"范围、手段、样态"，以更加具体的方式体现出来了。

复合格助词「において」「をもって」「として」通过与单一格助词「で」的替换使用，将「で」本身所具有的"范围"之意表现得更加郑重；将「で」本身具有的"手段"之意表现得更加具体；将「で」本身具有的"样态"之意表现得更加生动。

2.2「を」与「に対して」「について（に関して）」「をもって」

（4）「彼は女性を（○に対して）親切に指導してくれる。」
"他会热心地对女性予以指导。"

"对于女性，他会热心地予以指导。"
（5）「この問題を（○に関して）少し考える必要がある。」
"需要对此问题稍加思考。"
"关于此问题，需要稍加思考。"
（6）「このレポートを（○をもって）、結果報告とする。」
"我将这篇报告用作结果汇报。"
"我将使用这篇报告，作为结果汇报。"

在例句（4）、（5）、（6）中，单一格助词「を」与「に対して」「について（に関して）」「をもって」替换使用。

从构成句子成分的角度分析，「女性を」或者「女性に対して」构成谓语动词「指導する」的对象即宾语；「問題を」或者「問題に関して」构成谓语动词「考える」的对象即宾语；「レポートを」或者「レポートをもって」构成谓语动词「する」的对象即宾语，均构成句子的必备格成分，修饰谓语动词。

从语义的角度进行分析，在例句（4）、（5）、（6）中，「女性を」「問題を」「レポートを」短语中表示宾语的单一格助词「を」可以具体理解为表示"对象宾语"。

有关"对象宾语"，《明镜国语词典》解释如下：

（后接表示知觉或思考的动词）将知觉或思维所涉及的事物作为对象进行提示（对象宾语）。

（下に知覚や思考を表す動詞を伴って）知覚や思考の及ぶ物事を対象として示す（対象目的語）。

（后接表示判断和认定的动词或动词「する」，用「…を…と（して）」「…を…に（して）」的形式出现）将评价或选拔所涉及的事物作为对象进行提示（对象宾语）。

（下に判断や認定を表す動詞や動詞「する」を伴って、「…を…と（して）」「…を…に（して」の形で）評価や見立てがなされる

ものを対象として示す（対象目的語）。[①]

综上所述，日语中的"对象宾语"一般使用表示宾语的单一格助词「を」来表示，具备一定条件时，亦可以用复合格助词「に対して」「について（に関して）」「をもって」来替换。

更深层次挖掘，即在"对象宾语"中含有不同的语义特征，仅仅依靠单一格助词「を」本身则无法将这种不同语义特征表达出来。而复合格助词「に対して」「について（に関して）」「をもって」恰好弥补了上述单一格助词「を」语义表达方面的不足，「女性に対して」在表示宾语的同时，增加了指向性的含义；「問題に関して」在表示宾语的同时，增加了包含性的含义；「レポートをもって」在表示宾语的同时，增加了手段性的含义。

2.3「に」与「に対して」「にむかって」「にむけて」

（7）「先生は勉強が嫌いな学生に（○に対して）、特に親しみをもって接していた。」

"老师会更加和蔼地与那些不爱学习的孩子相处。"

"对于那些不爱学习的孩子，老师与他们相处时会更加和蔼。"

（8）「それが親に（○にむかって）言うことばか。」

"这是该对父母说的话吗？"

"这是该对着父母说的话吗？"

（9）「彼は戦争の当事者に（○にむけて）停戦協定の締結を訴え続けた。」

"他不断对战争的当事人呼吁缔结停战协定。"

"他不断面向战争的当事人呼吁缔结停战协定。"

在例句（7）、（8）、（9）中，单一格助词「に」可以与「に対して」「にむかって」「にむけて」替换使用。

从构成句子成分的角度分析，「学生に」或者「学生に対して」构成

[①] 『明鏡国語辞典』，大修館書店，2002。

谓语动词「接する」关联、涉及的对象；「親に」或者「親にむかって」构成谓语动词「言う」关联、涉及的对象；「当事者に」或者「当事者にむけて」构成谓语动词「訴え続ける」关联、涉及的对象，均构成句子必备的补格成分，修饰谓语动词。

从语义的角度进行分析，在例句（7）、（8）、（9）中，「学生に」「親に」「当事者に」短语中表示补格的单一格助词「に」可以理解为表示动作或者态度所关联、涉及的对象。

日语中表示动作或者态度所关联、涉及的对象一般使用表示补语的单一格助词「に」来表示，具备一定条件时，亦可以用复合格助词「に対して」「にむかって」「にむけて」来表示。

即在表示动作或者态度所关联、涉及的对象的补格助词「に」中含有不同的语义特征，仅仅依靠单一格助词「に」本身则无法将这种不同语义特征表达出来。而复合格助词「に対して」「にむかって」「にむけて」恰好弥补了上述单一格助词「に」语义表达方面的不足。

「学生に対して」在表示关联、涉及对象的同时，增加了指向性的含义；「親にむかって」在表示关联、涉及对象的同时，增加了面对面的、直接性的含义；「当事者にむけて」在表示关联、涉及对象的同时，增加了针对性的含义。

第三节　不与单一格助词替换使用的复合格助词

(10)　「ASEAN諸国は第三世界に対して（×を×に）、影響力を拡大しつつある。」
　　　"东盟诸国对第三世界的影响力在不断扩大。"
(11)　「現代人にとって（×が×を×に）パソコンや携帯電話などは今やなくてはならない必需品だ。」
　　　"对现代人来说，电脑和手机等已经成为必不可少之物了。"
(12)　「この件について（×を×に）、君の率直な意見を聞かせてくれ。」
　　　"关于这件事，请谈谈你的真实意见。"

(13)　「時間によって（×で×に）、忙しいときもあれば、暇なときもある。」
　　　"不同的时间，我有时忙，也有时闲。"

(14)　「本日をもって（×で×に）今年の研修会は終了いたします。」
　　　"今年的进修会将于今日结束。"

(15)　「話術にかけて（×で×に）彼の右に出るものはいない。」
　　　"论他的谈话技术，无人能出其右。"

(16)　「この研究グループは水質汚染の調査を10年にわたって（×で×に）続けてきた。」
　　　"这个研究小组的水质污染调查持续了10年之久。"

(17)　「わたしは前に一度観光客として（×で×に）日本に来たことがある。」
　　　"我曾经作为游客来过一次日本。"

(18)　「意欲のある人なら、年齢や学歴を問わず（×で×に）採用する。」
　　　"凡有意向者，均不问年龄学历进行招聘。"

上述复合格助词的用法均不能与单一格助词替换使用。

考察上述例句中复合格助词与其前续名词构成的名词短语与谓语动词的语法关系，即例句（10）中「第三世界に対して」与「影響力を拡大する」、例句（11）中「現代人にとって」与「…は…だ」、例句（12）中「この件について」与「意見を聞く」、例句（13）中「時間によって」与「暇なときもある」、例句（14）中「本日をもって」与「研修会を終了する」、例句（15）中「話術にかけて」与「ものがいる」、例句（16）中「10年にわたって」与「続ける」、例句（17）中「観光客として」与「来る」和例句（18）中「年齢や学歴を問わず」与「採用する」的语法关系，均没有构成谓语动词必需的格成分，而是形成一个副词性成分，修饰谓语动词，并带有复合格助词特有的语义。

第四节 本章总结

第一，单一格助词和日语复合格助词共同构建成日语的格体制和表现体系；

第二，单一格助词主要表示格体制并兼顾基本语义；

第三，复合格助词可以兼顾格关系，主要表示语义；

第四，当单一格助词和日语复合格助词可以替换使用时，表现为以下几种情况：

一、某一单一格助词和某一日语复合格助词替换使用；

二、某一单一格助词和数个日语复合格助词替换使用，呈现这一单一格助词的几个语义；

三、某一单一格助词和数个日语复合格助词替换使用，将这一单一格助词的某个语义以不同的形式表示出来，说明该单一格助词的某个语义仍然含有几个含义；

第五，部分复合格助词或者其部分用法不能与单一格助词替换使用，此时，复合格助词与其前续名词构成的名词短语形成一个副词性成分，修饰谓语动词，并带有复合格助词特有的语义。

第九章

复合格助词之间的对比研究

在日语中，复合格助词以及相当于复合格助词的表现形式多达几十个甚至更多，部分复合格助词或者相当于复合格助词的表现形式语义相近或者貌似相近，这是日语复合格助词的一个特点，也是展开该类研究和教学的难点之一。

有关语义相近的复合格助词的对比研究，本书作者曾经就"表示方向的复合格助词""表示资格、立场的复合助词"[①]等进行过论述，但是，对于语义貌似相近的复合格助词之间的对比研究未曾尝试过。

本章对比语义貌似相近的日语复合格助词「に対して」和「にとって」的形态、语法和语义特点，展开论述。

第一节　形态特点

（1）a「目上に対して敬語を使うのは、ひとり日本だけの社会習

[①]　参考马小兵：现代日语复合格助词研究，《深圳大学学报（人文社会科学版）》2010年第6期；马小兵：《日语复合格助词与语法研究》，深圳报业集团出版社，2011。

慣だ。」

"对地位高于自己的人使用敬语，是日本独有的社会习惯之一。"

b「政府は記者団に対し、組閣の概要について説明した。」

"政府对记者团说明了组阁的基本情况。"

c「今までの経過報告に対しまして、質問があれば何でもどうぞ。」

"如果对于迄今为止的过程报告有任何问题，请不要客气。"

d「不登校は単に学校に対する拒絶反応ではなくて、大人社会に対する子供たちの異議申し立てではなかろうか。」

"逃学不仅仅是对于学校发出的抗拒行为，大概也是孩子们对于成年人提出的强烈抗议。"

e「熊本地震に対しての義援金の追加について。」

"关于追加对熊本地震的捐款事宜。"

(2) a「現代人にとって、ごみをどう処理するかは大きな問題です。」

"对于现代人来说，如何处理垃圾是一个很大的问题。"

b「あのような男と付き合いましても、私にとりましては一円の得にもなりません。」

"跟那样的男人交往，对我来说一毛钱的好处也没有。"

c「だから僕にとっての平和とは、思いやりや優しさだと考えました。」

"所以对我来说，和睦就是为别人着想和善良。"

通过上述例句，可以观察到以下现象：

1. 如例句（1）所示，复合格助词「に対して」共有三种连用修饰的形式，即「に対し」「に対して」和「に対しまして」，两种连体修饰的形式，即「に対する」和「に対しての」。

2. 如例句（2）所示，复合格助词「にとって」共有两种连用修饰的形式，即「にとって」「にとりまして」，一种连体修饰的形式，即「にとっての」。

3. 在「に対して」中，动词「対する」的汉字「対」依然使用；在「にとって」中，则没有汉字。

分析上述现象，可以得出以下结论：

1. 日语复合格助词「に対して」和「にとって」均带有其构成成分之一的动词的痕迹，如：「に対しまして」和「にとりまして」；

2. 与「にとって」相比较，作为「に対して」构成成分之一的动词的痕迹则更为明显，除去「に対しまして」外，还有「に対する」的连体形式，并保留汉字「対」。

第二节 「にとって」「に対して」与单一格助词的替换使用

2.1 「にとって」「に対して」与表示主语的「に格」

(3) a 「だが、旅行の機会に恵まれない真利子にとって（○には／×に対して）は、久しぶりに福井へ帰って来たように感じられた。」

"但是，对于很难有旅行机会的真利子来说，这次回到福井让她有了久违的新鲜感。"

b 「そして、信夫にとって（○には／×に対して）死というものは、突如見舞うものとしてしか感ずることができなかった。」

"对于信夫来说，死仅仅是突如其来的一件事情。"

c 「吉田にとって（○には／×に対して）はそれを辛抱することは出来なくないことかもしれなかった。」

"对于吉田来说，那也许并不是一件不可忍受的事情。"

d 「高男にとって（○には／×に対して）は、こうした吉見夫人の突然の来訪の意味は判らなかった。」

"对于高男来讲，吉见夫人的突然来访让他摸不着头脑。"

e 「彼にとっては（○には／×に対して）、休養が一番必要だ。」

"对于他来说，休养是最有必要的。"

通过例句（3），可以观察到以下现象：

1. 复合格助词「にとって」可以与表示句子主语的「に格」替换使用；

2. 上述替换成立时，句子的谓语多为表示可能或者自发的动词，或者「必要だ」一类的形容词；

3. 复合格助词「に対して」无法与表示句子主语的「に格」替换使用。

2.2「にとって」「に対して」与表示宾语的「を格」

(4) a 「実家に或る期間帰ったままになっていた妻に対しても（○を／×にとって）、剛平は新しい目で、見直すようになっていた。」

"对于有一段时间搬回了娘家住的妻子，刚平有了新的认识。"

b 「自分に対しては（○を／×にとって）むごく扱うのだったが、他人にはいつも気のいい茂で通したいのだ。」

"虽说对自己总是要求严苛，但对他人却总是很宽容。"

c 「この関川は、そのライバル意識から、心ひそかに和賀に対して（○を／×にとって）不快に思っていたのですが、」

"强烈的竞争意识让关川在内心深处默默地对加贺有了不愉快的感觉。"

d 「俺たちの世代の連中は、みんな、自分の下の若い奴らに対して（○を／×にとって）、人手不足でさえなければ今日にでもぶんなぐって首にしてやるのだがと、切歯扼腕して日を送っているのだからな。」

"我们这一代的人，对于比自己年轻的家伙们，如果不是因为

人手不足,早就揍他们一顿然后让他们滚蛋了。可现在只能咬牙切齿地忍受着。"

通过例句(4),可以观察到以下现象:

1. 复合格助词「に対して」可以与表示句子宾语的「を格」替换使用;
2. 上述替换成立时,句子的谓语基本上由表示抽象思维活动的动词构成[①];
3. 复合格助词「にとって」无法与表示句子宾语的「を格」替换使用。

2.3 「にとって」「に対して」与表示补语的「に格」

(5) a 「私はその案に対して(○に／×にとって)、反対する。」
   "我反对这个提议。"

   b 「彼は、日本の新聞記者に、嘘、おざなりを言わなかったように、外国人に対しても(○に／×にとって)嘘とおざなりは言わなかった。」
   "就像是对日本的报社记者从不撒谎、敷衍一样,他对外国人也不撒谎和敷衍。"

   c 「海軍としては、出来るならぜひアメリカの大統領と英国皇帝ジョージ五世に対して(○に／×にとって)親電を出していただきたい」
   "作为海军,有可能的话希望能向美国总统和英国国王乔治五世发出电报。"

   e 「僕が子供の頃は、親に対して(○に／×にとって)口答えでもしようものなら、ぶん殴られたものだ。」
   "我小时候,如果胆敢同父母顶嘴,肯定会被揍一顿。"

通过例句(5),可以观察到以下现象:

---

① 参考马小兵:《日语复合格助词与语法研究》,深圳报业集团出版社,2011。

1. 复合格助词「に対して」可以与表示句子补语的「に格」替换使用；

2. 上述替换成立时，句子的谓语多为表示与语言活动有关、要求表示语言动作需求的对象的词语；与行为动作有关、要求表示行为动作需求的对象的词语[①]；

3. 复合格助词「にとって」无法与表示句子补语的「に格」替换使用。

第三节 「にとって」「に対して」与判断句

本章第二节主要叙述了复合格助词「にとって」和「に対して」的句法和格关系，即「にとって」和「に対して」与其前续名词分别可以充当句子的主格、宾格和补格；而本节主要阐述「にとって」和「に対して」这两个用法貌似相近的复合格助词的难点，观察以下例句：

(6) a「その案は、私にとって（×に対して）名案である。」
　　　"那个提议对我来说，是一个很棒的提议。"
　　b「それはわたしにとって（×に対して）、はじめての体験だった。」
　　　"那种体验对我来说，是第一次。"
　　c「石油は現代工業にとって（×に対して）なくてはならない原料である。」
　　　"石油对于现代工业来说，是不可或缺的原料。"
　　d「うちの家族にとって（×に対して）、この犬はもうペット以上の存在なのです。」
　　　"对于我们家来说，这只狗已经不仅仅是一只宠物了。"

[①] 参考马小兵：日语复合格助词"に対して"和单个格助词"に"的替换使用，《语言学研究》第3辑，高等教育出版社，2004；马小兵：《日语复合格助词与语法研究》，深圳报业集团出版社，2011。

(7) a 「もっともいつも立身出世をするのだと青年らしく描いている夢に対しては（×にとって）、このような緻密な頭脳は別物であった。」

"不同于整天叫嚷要出人头地，充满美好梦想的初出茅庐的年轻人，他那缜密的思维着实与众不同。"

b 「明智ともあろうものが、なぜかこの迫害に対しては（×にとって）極度に臆病であった。」

"虽说是明智光秀，但是不知为什么，对于这次的迫害却是极度的胆怯。"

c 「ニューヨーク地元紙『ニューズ・デイ』紙は21日（日本時間22日）、前日のタイガース戦で今シーズン15個目のエラーを記録したメッツの松井稼頭央内野手に対し（×にとって）、投手陣も我慢の限界だ、と報じた。」

"纽约当地报纸《News Day》于21日（日本时间22日）报道，在前几天的阪神虎队的比赛中，对于在这个赛季已经是第15次失误的松井稼头央内野手，投手们已经忍无可忍。"

d 「自分のうった電文に対して（×にとって）、浜子の手紙は、一から十までの抗議と反対の陳述だ。」

"对于我写下的电文，滨子在书信里一五一十地进行了抗议和反对。"

通过例句（6）和例句（7），可以观察到以下现象：

1. 在例句（6）和例句（7）中，「にとって」和「に対して」与其前续名词构成的名词短语都置于判断句中，形成一个副词性的成分，修饰谓语部分；

2. 「にとって」与其前续名词构成的名词短语表示一个基点，从此基点出发、考虑，形成某种评价；

3. 「に対して」与其前续名词构成的名词短语表示一个被指向的目标，从而形成某种结论。

第四节　本章总结

本章通过列举大量例句，说明日语复合格助词「に対して」和「にとって」尽管貌似语义相近，但实际上是两个截然不同的词语，具体归纳如下：

一、「にとって」可以与表示句子主语的「に格」替换使用，「に対して」不能；

二、「に対して」可以与表示句子宾语的「を格」替换使用，「にとって」不能；

三、「に対して」可以与表示句子补语的「に格」替换使用，「にとって」不能；

四、「にとって」和「に対して」与其前续名词构成的名词短语同样置于判断句中，「にとって」与其前续名词构成的名词短语具有向外扩张的含义，即表示从其所处的立场来看之意；「に対して」与其前续名词构成的名词短语具有被指向的语义，即后续结论性的论述并指向之。

第十章

日语复合格助词的连体与连用的转换[①]
—— 以「Nに対して…」转换为「Nに対するN」为中心

"连体修饰成分的转移""連体成分の移動"是指"在一种连体修饰结构中,将连体修饰成分的形式转换为修饰主句谓语部分的连用修饰成分,其意思不发生实质上的改变。

ある種の連体修飾構造においては、連体修飾成分を主文の述部にかかる連用修飾成分の形にかえても実質的な意味が変わらない。[②]

有关这一现象的研究,铃木(1979)[③],奥津(1983、

[①] 馬小兵:いわゆる連用から連体への転換について——「Nに対して…」から「Nに対するN」へを中心に,《日本学研究》,学苑出版社,2006。

[②] 矢澤真人:副詞句と名詞句との意味連関をめぐって,『国文学 解釈と鑑賞』58巻1号,至文堂,1993,第682頁。

[③] 鈴木康之:規定語と他の文の成分との移行関係,『言語の研究』むぎ書房,1979。

1995、1996)[①],矢泽(1993)等最具代表性。本章针对以上研究成果进行总结,分析其不足,论述复合格助词的该类转换规律。

第一节 先注研究

1.1 铃木(1979)"连体修饰成分的转移"之提出

铃木(1979)指出:

> 句子整体表达一个新产生的现象。伴随这一现象,主语所指对象处于由修饰主语的规定语所说明的状态之中,那么,修饰主语的规定语就可以替换为与其对应的修饰语。

> 文全体が、あたらしく生じた現象を意味していて、その現象にともなって、主語でしめされるものが、主語をかざる規定語でしめされるような状態をとるというようなばあい、主語をかざる規定語は、それに対応する修飾語におきかえることができる。[②]

(1) a…「朝,<u>冷たい</u>霧雨が降っていた。」
   "清晨,下着冰凉的绵绵细雨。"
 b…「朝,霧雨が<u>冷たく</u>降っていた。」
   "清晨,绵绵细雨冰凉地下着。"[③]

当叙述"下着绵绵细雨"这一客观现象的句子主语(即绵绵细雨)由"冰凉的"这一"规定语"(即连体修饰语)修饰时,如例句(1)b所示,该"规定语"可以替换成连用修饰语。铃木(1979)的最大亮点是提

---

① 奥津敬一郎:変化動詞文における形容詞移動,『副用語の研究』,明治書院,1983;奥津敬一郎:連用即連体?,『日本語学』1995年11月号~1997年9月号,明治書院,1995、1996。

② 鈴木康之:規定語と他の文の成分との移行関係,『言語の研究』むぎ書房,1979,第322頁。

③ 同上书。

出"连体修饰成分的转移"这一现象,但是,关于上述"连体修饰成分的转移"成立的条件,铃木(1979)只是简单涉及,并未展开论述。

1.2 奥津(1983)连体修饰成分转移的细化

在奥津(1983)的研究中,最值得人们注意的是"将问题(连体修饰成分的转移)的焦点聚焦在变化动词句中的A移动上"「問題を変化動詞文におけるA移動に絞り」[①]。换言之,就是围绕"连体修饰成分的移动"这一现象,结合其发生的具体环境(变化动词句中的A移动),尝试对其成立的可能性进行说明。

但是,奥津(1983)的研究仍存在以下不足:

1. 没有结合动词的体态进行研究,仅将研究重点放在"形容词的转移"。
2. 没有说明变化动词句以外的A移动现象。
3. 没有说明变化动词句中A移动不成立现象。[②]

1.3 矢泽(1993)连体修饰成分转移的分类

矢泽(1993)在铃木(1979)、奥津(1983)的研究基础上,着眼于连体修饰成分转移成立的可能性,结合"在连体修饰结构与连用修饰结构中,修饰短语与名词短语之间的语义关系",将其分为三种类型,对各类型的成立条件与制约等进行了详细的论述[③]:

持续型——"形容词转移"(连体修饰成分的转移)所产生的名词短语是前述表示"动态的持续"类动词所支配的对象,多为表达动态事象的名词短语。

结果型——"形容词转移"(连体修饰成分的转移)所产生的名词短语是动词所表示动作或作用结束时发生,结束后仍持续存在的事物性名词

---

① 奥津敬一郎:変化動詞文における形容詞移動,『副用語の研究』,明治書院,1983,第318頁。

② 矢澤真人:副詞句と名詞句との意味連関をめぐって,『国文学 解釈と鑑賞』58卷1号,至文堂,1993。

③ 同上。

短语。

信息型——"形容词转移"（连体修饰成分的转移）所产生的名词短语为事象性名词短语及事物性名词短语，在动态持续过程中也维持其状态。

然而，矢泽（1993）并未提及上述内容之外的连体修饰成分转移。

1.4 奥津（1995）、（1996）连体修饰成分的转移的综合分析

奥津（1995）、（1996）围绕以下内容，针对连体修饰成分的转移进行了较为全面的综合性分析：

① 不定指示词结构
② 不可分的所有及所有者的转移
③ 数量词的转移
④ 机能动词句
⑤ 自然现象句
⑥ 变化动词句

但是，奥津（1995）、（1996）并未涉及复合格助词，本章以「に対して」与「に対する」为例，就复合格助词的连体向连用的转换进行论述。

奥津（1996）围绕"机能动词句"，对机能动词句中连体与连用修饰的对应性进行了详细的论述。

> "名词+格助词"这一成分——即格成分——原本是句中修饰动词、形容词等谓语的连用成分。但在机能动词句中，格成分也可以构成修饰动名词的连体成分。这一格成分可以是主语或宾语等基本格，也可以是时间格或期间格等任意成分。任何一种格成分原则上都存在连体与连用修饰的对应关系。

> 「名詞+格助詞」という形をとる成分—格成分—は、本来、文中で動詞・形容詞など述語にかかる連用成分であるが、機能動詞文の場合、これが動名詞にかかる連体成分にもなり得る。その格成分にも主語・目的語のような基本的なものもあれば、時格・期間格のよ

うに任意の成分もあるが、どの格成分も原則として、連体・連用の対応がある。①

奥津（1996）在论述"目的语（格）"时还提到以下内容：

为了避免如"＊インド哲学を研究をする"这类「を」的重复使用，即避免二重「を」格的使用，可将「インド哲学」后的「を」换成通常所说的连体助词「の」，使其成为动名词「研究」的连体修饰成分。

「＊インド哲学を研究をする」のような「を」の重複を避け、——二重「を」格の回避——、「インド哲学」は「を」ではなく、いわゆる連体助詞の「の」をしたがえ、動名詞「研究」に対して連体形をとる。②

下同，「を」以外的格助词组成的连用成分，动名词可以用「を」组成的分离型；也可以不用「を」，组成非分离型动词。以下例句中画线部分均为「理解」这一动作的对象，语法上可将其视为宾语。

a このあたりの地学と歴史に対する理解を深めることが出来た。

"得以加深对这一带的地理和历史的了解。"

b このあたりの地学と歴史に対して理解を深める／することが出来た。

"得以加深对这一带的地理和历史的了解。"

即「地学と歴史に対して理解をする」与「地学と歴史を理解する」所表达内容一致。……总之，a的连体修饰成分「～に対する」在b中则以连用形「～に対して」的形式出现。

以下同様で「を」以外の格助詞をとる連用成分であれば、その動名詞は「を」をとって分離形とすることもできるし、「を」を除

---

① 奥津敬一郎：連用即連体？,『日本語学』1996年7月号, 明治書院, 1996, 第113頁。
② 同上。

いて非分離形動詞にしてもいい。次の例も傍線部の意味役割は「理解」というウゴキの対象であり、それが統語的に目的語となると考えたい。

a このあたりの地学と歴史に対する理解を深めることが出来た。
b このあたりの地学と歴史に対して理解を深める／することが出来た。

つまり「地学と歴史に対して理解をする」ことは「地学と歴史を理解する」ことでもある。……ともあれaの連体成分「～に対する」はbでは「～に対して」のように連用になっている。①

从机能动词句角度分析，如例句（2）所示，既可以从「～に対する」向「～に対して」转换，又可以从「～に対して」向「～に対する」转换，「恨みを持つ」与「恨む」、「空襲をする」与「空襲する」、「期待を抱く」与「期待する」同义。

从动名词的角度分析，如例句（2）a″、（2）b″与（2）c″所示，「～に対して」的前续名词N（例句（2）a「国鉄」；（2）b「われわれ」；（2）c「国鉄」）是谓语动词的宾语（即动名词，即（2）a「恨み」；（2）b「空襲」、（2）c「期待」）作用的对象。

(2) a「犯人は、国鉄に対して恨みを持っている。」
　　　"犯人对国铁持有怨恨的心情。"
　　a′「犯人は、国鉄に対しての恨みを持っている。」
　　　"犯人持有对国铁的怨恨心情。"
　　a″「犯人は、国鉄を恨んでいる。」
　　　"犯人怨恨国铁。"
　　b「もし中国がわれわれに対して空襲をすれば、事態は収拾がつかなくなってしまいます。」
　　　"如果中国对我们实行空袭，事态将一发不可收拾。"
　　b′「もし中国がわれわれに対しての空襲をすれば、事態は収

---

① 奥津敬一郎：連用即連体？，『日本語学』1996年7月号，明治書院，1996，第115頁。

　　　　　　拾がつかなくなってしまいます。」
　　　　　"如果中国实行针对我们的空袭,事态将一发不可收拾。"
　　　b″「われわれを空襲する。」
　　　　　"空袭我们。"
　　　c「私は、かすかな期待を国鉄に対して抱いている。」
　　　　　"我对国铁抱有一丝期待。"
　　　c′「私は、国鉄に対してのかすかな期待を抱いている。」
　　　　　"我抱有对国铁的一丝期待。"
　　　c″「私は、国鉄を期待している。」
　　　　　"我期待着国铁。"

但是,如(3)中所示,即使不是机能动词句,〔(3)a「愛情をもつ」与(3)b「意見を述べる」〕,也可以实现从「～に対する」向「～に対して」的转换,或者是从「～に対して」向「～に対する」的转换。

　　（3）a「彼は三人の娘に対して愛情をもつことが出来なかった。」
　　　　　"他没能对这三个女儿产生感情。"
　　　　a′「彼は三人の娘に対しての愛情をもつことが出来なかった。」
　　　　　"他没能产生对这三个女儿的感情。"
　　　b「彼は東北新幹線に対して意見を述べた。」
　　　　　"他针对东北新干线发表了看法。"
　　　b′「彼は東北新幹線に対しての意見を述べた。」
　　　　　"他发表了针对东北新干线的看法。"

同时,如(4)所示,并不是所有情况,从「～に対する」向「～に対して」的转换,或者是从「～に対して"向"～に対する」的转换都成立。

　　（4）a「恐らくハムとチャーリイは自分に対して憤っている筈である。」

"恐怕哈姆和查理正在对自己生气吧。"
a′*「恐らくハムとチャーリイは自分に対する憤っている筈である。」
b「彼は女性に対しては親切に指導してくれた。」
"他给女性进行了热心的指导。"
b′*「彼は女性に対する親切に指導してくれた。」
c「私の質問に対して何も答えてくれなかった。」
"对于我的问题，他没有做任何回答。"
c′*「私の質問に対する何も答えてくれなかった。
d「彼は、国鉄に対して腹を立てている。」
"他对国铁感到很生气。"
d′*「彼は、国鉄に対する腹を立てている。」

综上所述，奥津（1995）、（1996）的研究中没有论及诸如「に対して」与「に対する」之间的连体修饰成分转移的成立条件或限制条件。

第二节 从「Nに対して…」到「Nに対するN」的转换[①]

本节着重论述「Nに対して…」向「Nに対するN」转换的成立条件与限制条件。

2.1 转换的成立条件

一、「～に対して」的前续名词"N"在语义上是谓语动词的宾语（即动名词）所作用的对象。

[①] 复合格助词「～に対して」的转换包括由「～に対する」向「～に対して」的转换，与由「～に対して」向「～に対する」的转换两种。本章将集中针对后者进行论述。

此外，也存在可以由「～に対して」向「～に対する」转换，但无法从「～に対する」转换为「～に対して」的情况，反之亦然。对此现象，本书作者将另作讨论。

（5）a「犯人は、国鉄に対して恨みを持っている。」
　　　"犯人对国铁持有怨恨的心情。"
　　a'「犯人は、国鉄に対しての恨みを持っている。」
　　　"犯人持有对国铁的怨恨心情。"
　　a"「犯人は、国鉄を恨んでいる。」
　　　"犯人怨恨国铁。"
　　b「もし中国がわれわれに対して空襲をすれば、事態は収拾がつかなくなってしまいます。」
　　　"如果中国对我们实行空袭，事态将一发不可收拾。"
　　b'「もし中国がわれわれに対しての空襲をすれば、事態は収拾がつかなくなってしまいます。」
　　　"如果中国实行针对我们的空袭，事态将一发不可收拾。"
　　b"「われわれを空襲する。」
　　　"空袭我们。"
　　c「私は、かすかな期待を国鉄に対して抱いている。」
　　　"我对国铁抱有一丝期待。"
　　c'「私は、国鉄に対してのかすかな期待を抱いている。」
　　　"我抱有对国铁的一丝期待。"
　　c"「私は、国鉄を期待している。」
　　　"我期待着国铁。"

此外，如（6）与（7）所示，能与 「を」替换的「に対して」[①]，其谓语动词分为两大类：一类是「援助する・遠慮する・解釈する・懐柔する・感謝する・勘違いする・空襲する・警戒する・嫌悪する・嫉妬する・心配する・準備する・信用する・説得する・調査する・同情する・批

---

① 关于「を」与「に対して」之间的替换，详见马小兵：《日语复合格助词和汉语介词的比较研究》，北京大学出版社，2002；馬小兵：日本語の複合格助詞「について」と中国語の介詞"关于"——その対応関係を中心に，『日本語と日本文学』34号，筑波大学国語国文学会，2002。

判する・放任する・容赦する・評価する」；另一类是「嫌がる・思う・渋る・とりなす・喜ぶ・知る」。

在例句（6）中，谓语动词为机能动词，「Nに対して…」可以转换为「Nに対するN」，「〜に対して」的前续名词N在语义上是谓语动词宾语（即动名词）的作用对象。

在例句（7）中，谓语动词为非机能动词，「Nに対して…」则不能转换为「Nに対するN」。

(6) a 「例えば五月さんの、ああいう反応に対して（○を）太郎はどう解釈したら自分に対しても、五月さんに対しても誠実でありうるのか。」

"比如说，对于五月先生的那种反应，太郎要如何理解，才能做到对自己诚实，也对五月先生诚实呢。"

a′「例えば五月さんの、ああいう反応に対しての解釈を、太郎はどうしたら…」

"比如说，对于五月先生的那种反应的理解，太郎要如何……"

b 「このため浅井氏に対して（○を）十分以上に懐柔しておかねばならなかった。」

"因此，必须要格外地拉拢浅井氏。"

b′「このため浅井氏に対しての懐柔を十分以上にしておかねばならなかった。」

"因此，必须要格外重视对浅井氏的拉拢。"

c 「追求しながら、彼はふと、山行中に一時は倒れそうなくらいに疲労を見せた彼女が、そのことについていささかの疲労も見せないし、彼の追求に対して（○を）嫌悪しないばかりでなく、明らかに彼女自身の反応を見せて来るのを不思議なことに感じていた。」

"追着追着，他忽然发现，爬山时曾经一度累得快要倒下的她，对于此事竟然没有半点疲惫，不仅对于他的追逐没有一丝

厌恶,甚至还主动让他看到她的反应。这让他觉得很惊讶。"
  c′「…彼の追求に対しての嫌悪をしないばかりでなく、…」
   "……不仅没有针对他的追逐的厌恶,……"
(7) a 「加藤が、横須賀の出張に対して(○を)、やや渋ったのは宮村健のことだった。」
   "加藤不愿去横须贺出差,是因为宫村健的那件事。"
  a′* 「加藤が、横須賀の出張に対しての、やや渋ったのは宮村健のことだった。」
  b 「彼らは帰国、休養調整の命令に対しては(○を)、むしろ嫌がっている。」
   "他们对这条回国休养调整的命令,甚至可以说是排斥的。"
  b′* 「彼らは帰国、休養調整の命令に対しての、むしろ嫌がっている。」

二、「〜に対して」的前续名词在语义上是谓语动词宾语(即动名词)所涉及的对象。

(8) a 「高男は東洋セメント工場の話をして、彼が会った何人かの人間の名を挙げ、その人たちの意見をも述べて、それに対して投資をしてみる気はないかと言った。」
   "高男介绍了东洋水泥厂,举了几个他结识的人的名字,阐述了这些人的看法,并问他们是否有对水泥厂进行投资的想法。"
  a′ 「高男は東洋セメント工場の話をして、彼が会った何人かの人間の名を挙げ、その人たちの意見をも述べて、それに対する投資をしてみる気はないかと言った。」
   "高男介绍了东洋水泥厂,举了几个他结识的人的名字,阐述了这些人的看法,并问他们是否有进行对水泥厂的投资的想法。"
  a″「それに投資する。」
   "投资水泥厂。"

b「彼は会社に対して回答をよこした。」
　　　　"他对公司做出了回应。"
　　　b′「彼は会社に対する回答をよこした。」
　　　　"他做出了对公司的回应。"
　　　b″「会社に回答する。」
　　　　"回应公司。"

　三、若「～に対して」的前续名词「N」为「N_1」，「～に対する」所修饰的「N」为「N_2」，则「N_2」为二项名词，「N_1」是「N_2」所要求的方向性对象。

　（9）a「彼は三人の娘に対して愛情をもつことが出来なかった。」
　　　　"他没能对这三个女儿产生感情。"
　　　a′「彼は三人の娘に対しての愛情をもつことが出来なかった。」
　　　　"他没能产生对这三个女儿的感情。"
　　　b「彼は東北新幹線に対して意見を述べた。」
　　　　"他针对东北新干线发表了看法。"
　　　b′「彼は東北新幹線に対しての意見を述べた。」
　　　　"他发表对于东北新干线的看法。"

　二项名词是指涉及与之相关联的、除其本身之外的两个名词性成分的一类名词。例如，"意见"一词涉及"拥有意见的人——即主体"与"意见所指对象——即对方"两个成分。例句（9）b「彼は東北新幹線に対して意見を述べた」中，「彼」与「東北新幹線」即「意見」所涉及的两个除其本身之外的名词性成分。

　本章将具备与"意见"相同特性的名词称为二项名词，将该二项名词所涉及的与其相关的两个名词性成分称为该二项名词的结合项。

2.2 转换的条件限制

　一、与实质主语位置间的关系

（10）a「田中は花子に対して好意を持つ。」
　　　　　"田中对花子抱有好感。"
　　　a'??「田中は花子に対する好意を持つ。」
　　　　　"田中抱有对花子的好感。"
　　　a"「田中の花子に対する好意／花子に対する田中の好意」

二、指向特定目标的「に対して」

（11）a「呪詛と憎悪の間にも、たまゆらの凪のようにふと心が夫に対して和むことがある。」
　　　　　"在诅咒与憎恶的缝隙间，内心也有时会如一瞬的风平浪静一般对丈夫有所缓和。"
　　　a'*「呪詛と憎悪の間にも、たまゆらの凪のようにふと心が夫に対する和むことがある。」
　　　b「セメント工場を経営したいと思ったそもそもの動機は、純子に対して、自分が多少でも人前に出られる社会的地位を得たいだけのことであった。」
　　　　　"想要经营一间水泥厂的初始动机，在纯子面前只不过是想要多多少少获得一些能放得上台面的社会地位而已。"
　　　b'*「純子に対して、自分が多少でも人前に出られる社会的地位を得たいだけのことであった。」
　　　c「幸子は淳一に対して自分の行爲に苦しんでいる。」
　　　　　"幸子因自己对淳一做的事情十分痛苦。"
　　　c'*「幸子は淳一に対する自分の行爲に苦しんでいる。」

　　如（11）所示，述语动词本身虽没有目标指向性功能，但当需要指定目标时，一般使用"に対して"。此时，指向特定目标的"に対して"无法向"に対する"转换。

三、非二项名词

（12）a？「文法理論に対する文章」
　　　b？「自然風景に対する図画」

（12）中的「文章」与「図画」都不是二项名词。此种情况，不存在由「Nに対して…」向「Nに対するN」的转换。

第三节　结语

本章针对复合格助词的"连体修饰成分的移动"现象进行了论述。

转换成立的条件如下：

1.「～に対して」的前置名词「N」在语义上可以是谓语动词宾语（即动名词）的作用对象。

2.「～に対して」的前续名词「N」在语义上可以是谓语动词宾语（即动名词）所涉及的对象。

3. 若「～に対して」的前续名词「N」为「N_1」，「～に対する」所修饰的「N」为「N_2」，"N_2"为二项名词，「N_1」是「N_2」所要求的方向性对象。

转换条件限制如下：

1. 与实质主语位置间的关系。

2. 指向特定目标的「に対して」。

3. 非二项名词不存在由「Nに対して…」向「Nに対するN」的转换。

第十一章

相当于复合格助词的表现形式

　　本书第二章介绍了日本语法学界认定的日语复合格助词，然而，在日语实际使用过程当中，除去上述认定的复合格助词之外，还有数量众多的日语词语，其作用与日语复合格助词相同或者相近，本书将这一类词语称之为相当于复合格助词的表现形式。

　　本章以「を受けて」「をさしおいて」「をにらんで」「を控えて」「をふまえて」为例，展开有关相当于复合格助词的表现形式的论述。

　　选择上述五个词语的理由如下：

　　第一，田中（2010）[1]将上述五个词语全部列入常用句式或者接续副词，使用频率高。

　　第二，上述五个词语中均带有表示宾格的单一格助词「を」，便于比较。

---

[1]　田中寛：『複合辞からみた日本語文法の研究』，ひつじ書房，2010。

（1）a 「東京電力福島第1発電所の事故を受け、糸島市は安全基準見直しを国に要望していく方針です。」

"在东京电力福岛第一核电站发生事故后，丝岛市持续要求国家重修安全标准。"

b 「家族を差し置いて他人を幸せにしようとしても意味が無い。」

"要给别人带去幸福，却忽视了自己家人，那将毫无意义。"

c 「21日、法務省は2020年の東京オリンピック・パラリンピックをにらみ、日本に入国する外国人の顔写真とテロリストの顔の画像データを瞬時に照合する新システムを導入すると報じられている。」

"日本法务省21日表示，将借2020年东京奥运会、残奥会举办之机，采用可以瞬间对比数据的新型面部识别系统，以判断入境者是否属于恐怖分子。"

d 「今週は20-21日の仙台G7財務相・中央銀行総裁会議を控え、以下の米国を中心とした経済イベントに注目です。」

"面对20—21日即将在仙台召开的G7（七国集团）财长与央行行长会议，以下几项美国主导的经济议题备受人们瞩目。"

e 「東日本大震災を踏まえ、市民の皆様をはじめ、多くの方々が津波避難など自助・共助の大切さを改めて認識しました。」

"回顾东日本大地震的情况，我们再次感受到以市民为主的各界人士，在海啸灾害期间自帮自助、互帮互助的重要性。"

第一节　形态特点

在本书第四章中，论述了所谓形态在日语中的地位和作用。

本节首先考察上述五个词语的形态特点，针对上述每一个词语，

本书收集了100个例句①，通过对例句的考察和分析，上述五个词语的形态特点可以归纳如下：

1. 均是"单一格助词+动词连用形"，即表示宾格的单一格助词「を」后续日语动词的连用形形式。

2. 上述动词连用形，既可以是所谓第一连用形，即动词接续助动词「ます」的形式；又可以是第二连用形，即动词接续接续助词「て」的形式；「を受け」「を受けて」，「をさしおき」「をさしおいて」，「をにらみ」「にらんで」，「を控え」「を控えて」，「をふまえ」「をふまえて」。

3. 使用上述五个词语时，显示每个词语中所包含的动词「受ける」「差し置く」「睨む」「控える」「踏まえる」的汉字均可以使用。

第二节 语法特点

本节按照「を受けて」「をさしおいて」「をにらんで」「を控えて」「をふまえて」的顺序，依次分析各个词语的语法特点。

2.1 「を受けて」的语法特点

（2）a「ソーラーセイルは、ひと言で言うと「宇宙ヨット」です。地球上のヨットは、海でセイル（帆）を広げて、風を受けて進みますが、その宇宙版だと思ってください。」

"地球上的帆船在海上扬帆远航，顺风而行，（而太阳能帆船）您可以理解为是宇宙版的帆船。"

b「若々しい緑が朝日を受けて輝く。」

"嫩嫩新绿沐浴着朝阳熠熠生辉。"

c「新たな経営陣から仕事上の嫌がらせを受け、実務に影響が出るようになりました。」

"我们在工作上受到新任管理班子的掣肘，无法正常开展业

---

① 由于篇幅所限，本书仅使用了部分例句。

务。"

　　d 「この計画図は、東京都知事の承認を受けて、東京都縮尺 1/2,500 地形図（道路網図）を 使用して作成したものです。」

　　　"这一设计图纸是得到了东京都知事的首肯，使用1/2500比例的东京都地形图（道路网络图）绘制而成的。"

　　e 「当店の整体・マッサージを受けて症状が改善されたお客様から嬉しいお言葉を頂戴しているので一部ではございますが、ご紹介いたします。」

　　　"很多顾客在接受了我店的整骨与按摩后，症状得以缓解，并向我们传达了这些好消息。在此请允许我向您介绍其中一部分。"

　　例句（2）中，「を受けて」中的「受けて」作为独立动词「受ける」使用，其前续名词「風」「朝日」「嫌がらせ」「承認」「整体・マッサージ」均为「受ける」所支配的对象，由单一格助词「を」标识；均可把「受ける」作为谓语动词结句。即「風を受ける」「朝日を受ける」「嫌がらせを受ける」「承認を受ける」「整体・マッサージを受ける」。

（3）a 「東京電力福島第1発電所の事故を受け、糸島市は安全基準見直しを国に要望していく方針です。」

　　　"在东京电力福岛第一核电站发生事故后，丝岛市持续要求国家重修安全标准。"

　　b 「沖縄県の米軍属による女性死体遺棄事件を受け、政府は3日、防犯パトロール隊の新設や街路灯の増設を柱とする犯罪抑止策を決定した。」

　　　"一名在冲绳美军基地工作的美国男子因涉嫌强奸杀人及遗弃尸体被捕。受此影响，当地政府于3日决定采取组建治安巡逻队、增设路灯为主要措施，预防类似犯罪再次发生。"

　　c 「3月の就活解禁を受けて、福岡工業大学は4日間440企業を

招き、学内合同企業説明会を開催。」

"在3月份的求职季到来后，福冈工业大学在4天内邀请440家企业，在校内举办了联合宣讲会。"

d 「平成28年熊本地震を受けて、被災地支援スタンプ①の提供を開始しました。」

"在2016年熊本地震后，LINE（通信软件）上开始提供以支援灾区为主题的聊天表情。"

e 「第3次安倍改造内閣発足を受けて安倍総理を表敬訪問。」

"第三届安倍内阁成立后，内阁成员对安倍首相进行了礼节性拜访。"

在例句（3）中，「を受けて」中的「受けて」作为独立动词「受ける」的意思已经明显减弱，其"前续名词+「を」+「受けて」"的形式形成一个相对独立的副词性结构，修饰谓语动词。

2.2「をさしおいて」的语法特点

（4）a 「東京都の待機児童の問題を差し置いて韓国学校を設立すると断言している舛添都知事だが、この一件を巡って奇妙な事態が続いている。」

"舛添都知事不顾东京都内适龄儿童入园难的问题，决意将土地批给韩国学校使用。该事件的后续展开仍旧令人诧异。"

b 「数あるアイドルグループを差し置き、静岡のご当地アイドルが2014年、2015年とフランスへ遠征した出来事は大きな衝撃を与えた。」

"静冈的本地组合在众多偶像团体中脱颖而出，于2014、2015连续两年远征法国，引起了不小的轰动。"

c 「ディーラー参加の皆さんは「一般入場者を迎え入れるホスト的存在」です。そんなディーラー参加者が、開場を長時間

---

① 经查这里的「スタンプ」是聊天软件的表情。

待ち続けた一般入場者を差し置き、「開場時に場内にいる」という特権を利用して、自分の買いもののために卓を離れてダッシュするのは「大人げない」と思いませんか?」

"对于普通顾客而言，参展经销商就类似于'东道主'。作为'东道主'，参展经销商不去考虑普通顾客入场需要长时间的等待，而利用自己早就在场内的这一'特权'，为了自己购物而离开柜台、跑来跑去，这肯定'不成体统'吧"?

d 「なぜ、彼らはエリートチームを差し置き、人類初の有人飛行を成し遂げることができたのか?」

"他们是如何甩开精英团队，率先实现人类首次的载人航天壮举的呢?"

e 「天智天皇は、後継者の有力候補だった弟の大海人皇子を差し置き、自分の子、大友皇子を後継者として指名しました。」

"天智天皇没有考虑下一任天皇的强力候选人——弟弟大海人皇子，而是指名自己的儿子大友皇子即位。"

例句（4）中，「をさしおいて」中的「さしおいて」作为独立动词「差し置く」的意思已经明显减弱，其"前续名词＋「を」＋「さしおいて」"的形式形成一个相对独立的副词性结构，修饰谓语动词。

2.3「をにらんで」的语法特点

（5）a「標語をにらんで練習しています。」

"紧盯目标语练习。"

b「U-23日本代表26日のイラク戦を睨んでスキのない練習。」

"日本国奥队紧盯着26日与伊拉克的对战，正在紧锣密鼓地进行备战。"

c「盤面をにらんで長考する棋士。」

"棋手紧盯着棋盘，思忖良久。"

d「A社とB社、中国市場を睨んでクラウドサービス領域で提携を発表。」

"A公司与B公司宣布，两公司将针对中国市场在云服务领域进行合作。"

e 「3月末に行なわれる日本相撲協会の理事長選を睨んで"仁義なき戦い"が始まっている。」
"面对将于3月底举行的日本相扑协会理事长选举，各位候选人正在上演一幕'不义之战'。"

例句（5）中，「をにらんで」中的「にらんで」作为独立动词「にらむ」使用，其前续名词「標語」「イラク戦」「盤面」「中国市場」「理事長選」均为「にらむ」所支配的对象，由单一格助词「を」标识；均可以「にらむ」为谓语动词结句。即构成「標語をにらむ」「イラク戦をにらむ」「盤面をにらむ」「中国市場をにらむ」「理事長選をにらむ」。

（6）a 「全国農業協同組合連合会（JA全農）が環太平洋連携協定（TPP）発効をにらみ、輸出用のコメ産地の育成に乗り出す方針を固めたことが3日、分かった。」
"据3日报道，日本农业协同组合联合会（日本农协）将乘着跨太平洋伙伴关系协定（TPP）生效的东风，积极培育稻米种植基地，以用于出口。"

b 「21日、法務省は2020年の東京オリンピック・パラリンピックをにらみ、日本に入国する外国人の顔写真とテロリストの顔の画像データを瞬時に照合する新システムを導入すると報じられている。」
"日本法务省21日表示，将借2020年东京奥运会、残奥会举办之机，针对入境外国人采用可以瞬时做出比对的新型面部识别系统，以判断该人是否属于恐怖分子。"

c 「人材派遣各社が民主党がかねてから打ち出している労働者派遣法の改正をにらみ、製造請負や店舗の運営受託など請負・受託型サービスに移行することを発表しました。」
"面对民主党一直主张的劳务人员派遣法修正案，各猎头公司

都看准时机，表示将顺应修改案开展制造类承包、店铺委托运营等承包、委托类服务。"
d 「民進党のマニフェスト企画委員長の長妻昭代表代行は夏の参院選挙のマニフェストを、今国会会期末をにらみ完成させたいとのスケジュール感を示した。」
　　"日本民进党宣言企划委员会代理委员长长妻昭代表在夏季参议院选举的宣言中，展现了十足的计划性，表示将瞄准本届国会任期结束这一节点，完成宣言的制定工作。"
e 「複数の関係者によれば、日本郵政グループの大型新規株式公開（IPO）をにらみ、年内早期に日本と米国で同時上場したい考えだ。」
　　"多位相关人员表示，将会看准日本邮政集团首次公开募股（IPO）之机，于今年内尽快实现日本与美国同步上市。"

　　例句（6）中，「をにらんで」中的「にらんで」作为独立动词「にらむ」的意思已经明显减弱，其"前续名词+「を」+「にらんで」"形式形成一个相对独立的副词性结构，修饰谓语动词。

2.4 「を控えて」的语法特点

（7）a 「妊娠期はノルバスク服用を控えて生活習慣を改善しよう。」
　　"妊娠期间应尽量避免服用降压类药物，改善日常生活习惯。"
b 「アルコールを控えて肝臓を休めることが大切」
　　"节制饮酒，保证肝脏休息十分重要。"
c 「雨天時は外出を控えて交通事故防止！」
　　"下雨天应尽量减少外出，谨防交通事故！"
d 「クルマの利用を控えてCO2を削減します。」
　　"减少使用汽车以削减二氧化碳排放。"
e 「5、6年生がカラーガードの全国大会を2週間後に控え、作品づくりに取り組んでいます。」

"两周后的仪仗队全国大赛临近，五、六年级学生正在努力地排练着自己的节目。"

例句（7）中，「を控えて」中的「控えて」作为独立动词「控える」使用，其前续名词「ノルバスク服用」「アルコール」「外出」「クルマの利用」「全国大会」均为「控える」所支配的对象，由单一格助词「を」标识；均可以「控える」为谓语动词结句。即构成「ノルバスク服用を控える」「アルコールを控える」「外出を控える」「クルマの利用を控える」「全国大会を控える」。

（8）a 「今年6月に自由が丘院と7月に吉祥寺院のオープンを控えて採用枠を拡大しました。」

"随着今年6月自由丘分院、7月吉祥寺分院等新院即将开院接诊，我院将扩大招聘规模。"

b 「年末年始休暇を控えて、各自が必ずチェックしておくべき5つのセキュリティ対策＆注意点。」

"临近年终年初，请各位务必注意以下五项安全注意事项以及应对措施。"

c 「中核市への移行を控えて、住基カードによりさらなるサービス向上を目指す。」

"在不断向核心城市转型的过程中，政府将致力于提供比居民基础台账卡更加便捷的市民服务。"

d 「現在、平成16年度からの法人化を控えて、16年度を起点とした6年間に渡る「中期目標・中期計画」を策定中です。」

"从2004年开始推进的法人化即将生效，我们正在抓紧制定从2004年起为期6年的'中期目标与中期计划'。"

e 「プロ野球界は3月下旬の開幕を控え、各選手とも.自主トレに入りつつある。」

"随着3月下旬的职业棒球赛即将开幕，各位选手都开始针对自身情况进行个性化训练。"

例句（8）中，「を控えて」中的「控えて」作为独立动词「控える」的意思已经明显减弱，其"前续名词 +「を」+「控えて」"形式形成一个相对独立的副词性结构，修饰谓语动词。

（9）a 「27日のロンドン市場は、米イベントを控えて調整ムードが広がっている。」

"随着美方的此次动作，在27日伦敦外汇市场中交易各方均表现出调整态势。"

b 「東京オリンピックを控えて需要増の「電線地中化工事」の効率化が急務でした！」

"当时，随着东京奥运会逐步临近，高效率的完成需求量激增的'电线入地工程'是我们的紧急要务。"

c 「国民投票を控えて英国のEU離脱懸念がくすぶる。」

"公投在即，英国退欧一事仍悬而未决。"

d 「3日朝の東京外国爲替市場のドルの対円相場（気配値）は、米雇用統計の発表を控えて様子見ムードが強く、1ドル＝108円台後半で小動きとなっている。」

"东京外汇市场3日早盘受美国即将公布的就业统计数据影响，处于观望状态。美元兑换日元（盘口）出现小幅微调，即1美元兑换108.5—109美元。"

e 「六月総会シーズンを控えて再び敵対的企業買収防衛策に関する関心が高まってきているが」

"6月总会召开在即，严防企业恶意收购的相关措施再次受到关注。"

例句（9）中，如「ムードが広がる」「効率化が急務である」「懸念がくすぶる」「ムードが強く、小動きとなる」「関心が高まる」所示，所有用例都不是主观意识强烈的句式，而属于客观描写。

「を控えて」中的「控えて」作为独立动词「控える」的意思已经明显减弱，其"前续名词 +「を」+「控えて」"形式形成一个相对独立的副词性结构，修饰谓语部分。

2.5「をふまえて」的语法特点

（10）a 「耐震補強診断結果をふまえ、平成 22 年度に耐震補強工事を実施し、安全な施設にしました。」
　　　"根据抗震性能加固分析结果，于2010年度实施了抗震加固工程，确保了建筑物的安全系数。"
　　b 「事業の特性をふまえて CSR（企業の社会的責任）を果たしていきます。」
　　　"我们将基于事业特点，持续发挥企业社会责任（CSR）。"
　　c 「現地状況をふまえ支援物資提供のための準備を進めています。」
　　　"援助物资的准备工作正根据当时实际情况，在有条不紊地进行中。"
　　d 「これまでの意見を踏まえて、「まちづくり行動計画」を作成しました！」
　　　"根据截止到目前的意见，制定了《城建行动规划》！"
　　e 「少子化などを踏まえ、容量は従来の１リットルから900ミリ・リットルに抑え、容器も横幅を５ミリ小さくして持ちやすくする。」
　　　"基于少子化等现状，明治乳业将其产品容量从此前的1公升减为900毫升，容器的宽度也减小了5毫米，以便携带。"

例句（10）中，「をふまえて」中的「ふまえて」作为独立动词「ふまえる」的意思已经明显减弱，其"前续名词 +「を」+「ふまえて」"形式形成一个相对独立的副词性结构，修饰谓语动词。

第三节　语义特征

在本章第二节和第三节，分别对「を受けて」「をさしおいて」「をにらんで」「を控えて」「をふまえて」五个词语的形态特点和语法特点进行了阐述。

本节在上述论述的基础之上，对「を受けて」「をさしおいて」「をにらんで」「を控えて」「をふまえて」的语义特征归纳如下：

第一，有些词语仍然可以作为独立动词使用，其前续名词为其所支配的对象，由单一格助词「を」标识，此时，「を」仍然起着格助词的作用；均可以作为谓语动词结句。如：

「を受けて」和「を控えて」。

作为独立动词使用时，仍然保持其动词的含义。

第二，上述「を受けて」和「を控えて」也可与其前续名词一起构成一个相对独立的副词性结构，修饰谓语动词，此时语义发生变化：

「を受けて」表示在某种情况，某种背景之下；
「を控えて」表示面临某种事态，某种情况。

第三，有些词语作为独立动词的意思已经明显减弱，与其前续名词一起构成一个相对独立的副词性结构，修饰谓语动词，此时语义发生变化：

「をさしおいて」表示忽视某种情况或者事态；
「をにらんで」表示根据某种局面或者情况；
「をふまえて」表示以某种情况为基础或前提。

第四节　本章总结

在日语中存在着大量语法作用接近或者相当于复合格助词的表现形式，正如本章所列举的「を受けて」「をさしおいて」「をにらんで」「を控えて」「をふまえて」所示，其中有些表现形式本身还或多或少地保留着其组成部分之一的动词的痕迹，有时甚至还可以作为实词动词单独使用；有些作为表现形式的组成部分之一的动词已经基本上丧失了原来的语义，而仅仅是与其前续格助词共同组成一个新的、相对独立的、主要表示语法作用的表现形式。此时，在这个表现形式当中，格助词的语法作用也在减弱，仅仅是与其后续的动词形态构成一个主要表示某种固定语义的

表现形式。

　　当然，在日语中，这个群体相当庞大，又是处在一个流动变化的过程当中，需要对其加以分类、梳理，从形态、语法、语义等角度进行综合论述，本章仅仅是起到了一个抛砖引玉的作用。

第十二章

复合格助词与语法化和主观化[①]

第一节　复合格助词与语法化——以「を問わず」为例

（1）a「科学の現在を問う。」
　　　"探寻科学之现状。"
　　b「そこで、国会議員に育児休業制度は必要かを問いました。」
　　　"因此，（我们）针对育儿休假制度的必要性向国会议员进行了提问。"
　　c「国政に対する知事の姿勢を問いました。」
　　　"（我们）询问了知事对国家政事的看法。"
　　d「東京電力株式会社を参考人として招致したときには、東電の考え方を問いました」

[①] 参见马小兵：现代日语「としては」的主观化，《认知语言学入门》，外语教学与研究出版社，2008。

"我们在邀请东京电力公司出席作证时，询问了东电的态度。"

e 「この議決が行われた総会に先立って、すべての会員に投票形式で名称変更の諾否の意思を問いました。」

"在进行此项决议之前，大会首先以投票的形式向全体会员征求了关于是否同意变更名称的意见。"

在上述例句（1）中，谓语动词「問う」均为实词动词，保持了动词「問う」的语义。

有关「問う」的语义，《明镜国语词典》解释如下：

①问，打听。向对方打听自己想知道的事情，也指通过询问得知对方的想法。②责问，问罪。当作问题提出（并严加追究）。特指依照刑法等严加追究、处理。③质疑。对是否具备相应的能力或价值有疑问。④（后接否定形式）把某种资格、条件等当作问题。管、顾。纳入思考范围。

①知りたいことを相手に聞く。また、質問して相手の考えなど聞き出す。②問題としてとりあげ（て厳しく追及す）る。特に、刑罰などに照らして厳しく追及処断する。③それだけの能力や価値があるかどうかを問題とする。④（下に打ち消しを伴って）ある資格・条件などを問題とする。考慮に入れる。①

（2）a 「テニスは年齢を問わずみんなが楽しめるスポーツである。」

"网球是一项老少皆宜的运动。"

b 「私たちは、ジャンルを問わず、輸入品を取り扱っています。」

"我们的业务涉及所有类别的进口货品。"

c 「少子化の影響で軟式、硬式を問わず野球人口が減少傾向にある現状を打破しようと県高野連が中心となり、本年4月に

---

① 『明鏡国語辞典』，大修館書店，2002。

「長野県青少年野球協議会」が発足しました。」

"受少子化影响，不论软式还是硬式，参与棒球运动的人数在逐渐减少。为了打破这一现状，由县高中棒球联盟牵头今年4月成立了'长野县青少年棒球协会'。"

d 「社内外を問わず情報漏えい対策を施すことができる。」

"不论是公司信息的内部还是外部泄漏，都能够采取相应的措施。"

e 「事故発生！加害者被害者を問わずケガ人の救護を優先する。」

"有事故！不论受害者还是加害者，一律以救治伤者为第一要务。"

在上述例句（2）中，「問う」已经基本不具有实词的性质，具体表现为以下几个方面：

第一，在形态上固定形成了"格助词「を」+「問う」的未然形「問わ」+否定助动词「ぬ」的连用形「ず」"的形式，即「を問わず」。

第二，「を問わず」的前续名词有两种情况：

第一种前续名词为表示某种概念的词语，如「年齢・職歴・性別・曜日・世代・経験・身分・季節・相違」等；

第二种前续名词为表示对立关系之意的词语，如「有無・男女・公私・昼夜・老若・大小・内外・成否・成否」。

第三，在语义上表示不论前述情况怎样，或者不管是任何一方，后续事项均成立之意。

第四，日本日语教育学会编《日语教育事典》2005年版将「を問わず」列为复合格助词，「を問わず」一般在句子中充当副词性成分，修饰谓语动词。

在认知语言学当中，所谓语法化通常是指语言中意义实在的词转化为无实在意义、表语法功能成分的一种现象，即实词虚化为语法标记的过程。

从日语实词动词「問う」到复合格助词「を問わず」，就是实词动词

「問う」的词义抽象化达到一定程度后引起词义虚化，使之最终失去原有的词汇意义，变成只表示语法关系或语法功能的复合格助词的过程。

通过上述例句可以观察到，在共时的条件下，尽管实词动词「問う」在日语中依然存在并在使用，但是，「を問わず」作为一个新的语法形式——复合格助词已经形成。「を問わず」无论在形态上，前续名词的种类，还是在语义上，在句子中出现的位置，均区别于实词动词「問う」。

可以说从日语实词动词「問う」到复合格助词「を問わず」，就是实词动词「問う」在共时条件下实现语法化的一个过程。

第二节 复合格助词与主观化——以「としては」为例

2.1「として」的用法

「としては」是一个在现代日语中广泛使用的复合助词，论述「としては」，首先要涉及日语复合格助词「として」。

(3) a 「冬期間は、吹雪や海からの強風、低温等施設が受ける影響が大きく、定期的なメンテナンスが必要なことから次の日を休館日<u>とします</u>。」

"冬季期间，由于设施受暴风雪、强海风、低温冻害等天气的影响较大，需要进行定期检修。因此，将第二天定为休馆日。"

b 「橿原市地球温暖化対策推進実行計画および橿原市夏季節電対策方針に基づき市役所の本館1階の照明をLED照明<u>としました</u>。」

"根据橿原市全球变暖应对措施的实行计划及橿原市夏季节电措施方针规定，已将市政府主楼一层的照明改为LED照明。"

c 「平成22年10月1日から、塚ノ原窓口センターの土曜日・日曜日を休所日<u>としました</u>。皆さまのご理解・ご協力をお願いします。」

"自平成22年10月1日起，将周六、周日定为塚之原办事大厅的休息日。望广大市民谅解、配合。"

在上述例句（3）中，谓语动词「する」均为实词动词，保持了动词「する」的语义。

有关「する」的语义，《明镜国语词典》解释如下：

（以"AをBに／と〜"的形式）以……为……。把某物作为具有如此的价值和资格来对待。

（「AをBに／と〜」の形で）あるものをそのような価値や資格をもったものとして扱う。①

日语复合格助词「として」具有以下三种用法：
1. 单纯表示资格和立场的「として」；
2. 表示主语化立场的「としては」；
3. 表示某种比较标准的「としては」。

上述分类是对「として」的基本用法即表示资格和立场的用法的再分类，在表示立场这一基本点上，上述三种用法是共同的。单纯表示资格和立场的「として」的用法可以具体区分如下：

一、表示「として」的前续名词与句子主语之间的关联。

（4）「彼は駆け出しの新聞記者として日夜奮闘している。」

"他作为一名初出茅庐的报社记者，正在夜以继日地奋斗。

二、表示「として」的前续名词与句子宾语之间的关联。

（5）「ホームステイの家族は、私を家族の一人として温かく迎えてくれた。」

"我寄宿的这家人把我当作家里的一份子，热情地迎接了我。"

三、表示「として」的前续名词与句子谓语之间的关联。

---

① 『明鏡国語辞典』，大修館書店，2002。

(6)「彼は義務として、その試験を受けた。」
"他将其作为一项义务，参加了那场考试。"

四、「として」的前续名词有时表示行为、行动的主体。

(7)「この問題に対し、県としてどう結論を出すのか。」①
"针对这一问题，作为县政府来讲要如何得出结论呢？"

在上述例句（4）、（5）、（6）、（7）中，「する」已经基本不具有实词的性质，具体表现为以下几个方面：

第一，在形态上固定形成了"格助詞「と」+「する」的连用形「し」+接续助词「て」"的形式，即「として」。

第二，在语义上表示资格和立场之意。

第三，日本日语教育学会编《日语教育事典》2005年版将「として」列为复合格助词，「として」一般在句子中充当副词性成分，修饰谓语动词。

通过上述例句，可以观察到在共时的条件下，尽管实词动词「する」在日语中依然存在并在使用，但是，「として」作为一个新的语法形式——复合格助词已经成熟。

「として」无论在形态上，还是在语义上，以及在句子中出现的位置，均区别于实词动词「する」。

可以说从日语实词动词「する」到复合格助词「として」，就是实词动词「する」在共时条件下实现语法化的一个过程。

---

① 通过观察例句（4），我们可以发现下列现象：
1.「として」的前续名词基本都是表示所谓团体的复数名词；
2.「として」虽然表示行为、行动的主体，但是，在句中仍然可以加入行为、行动的主体，如下例：
a「県としてどう結論を出すのか。」
b「県は、県として、どう結論を出すのか。」

2.2 「としては」[①] 的认知义

2.2.1 表示主语化立场的「としては」与认知语义

(8)「僕としては、この役には、どうしても、新鮮な新人を起用したいと思った。」

"作为我来讲，当时无论如何都想要在这个角色上启用一个新人。"

在例句（8）中，「としては」的前续名词实际上就是句子的主语[②]，此时，「としては」不仅是一个普通的复合助词，而且表现了句子主语的立场或者判断，本书作者称之为主语化立场，下面分几个方面进行分析。

从形态方面看，「としては」是一个独立结构，不可分割。

表示主语化立场的「としては」的第一个特点，是出现在表示句子主语「が」处，并且总是以「としては」的形式出现，如例句（9）a和例句（9）b所示，如果仅以「として」的形式表示的话，则句子本身不成立，无法表示主语化的立场。

(9) a ??「私として、仕上げに三日はかけたい。」
　　 b ??「太郎として彼らを応援するつもりなのだろう。」

从功能方面看，「としては」的前续名词实际上就是句子的主语，而且多为由表示人物或者表示某个团体的词汇构成。如例句（10）所示，「としては」的前续名词「かれ」「警察」均表示人物或者表示某个团体。

(10) a「かれとしては、この一大事のときに、なおかつ、ごはんをたべようといった母をなじりたかったのだ。」

"作为他来讲，母亲在这个节骨眼上还想着吃饭，他是很想

[①] 有关「として」和「としては」的关联，详细参照马小兵：《日语复合格助词和汉语介词的比较研究》，北京大学出版社，2002。

[②] 有关「としては」表示句子实际主语的用法的详细说明，参照马小兵（2002a）。

说她几句的。"

b「これが本人自らの意志による失踪なのか、それとも何者かに拉致されたのか警察としてはそのどちらも疑って、すぐさま捜査を始めなければなりません。」

"此人是故意失踪，还是被人绑架，作为警方来讲，他们怀疑两者皆有可能，必须立刻开始搜查。"

从句法的角度看，在句子中，实际上表示主语化立场的「としては」构成句子时，对句尾表现形式有着特殊的要求，具体如下：

一、表示主语的义务。

此时，句尾要求使用「～ナケレバナラナイ形」（"必须"）、「～ワケニハイカナイ形」（"不能"）等形式。

(11)「しかし、中国は現在の状態のままでつづくということはありえないから、日本としてはこれを目の敵とするのではなく、よい方向に導くくらいの気持ちをもたなくてはならない。」

"然而，中国不可能只是维持现状，止步不前，对此，日本必须有引领中国向好的方向发展的胸怀，而不是敌视中国的改变。"

二、表示主语的能力。

此时，句尾要求使用「～デキナイ形」（"不能"）、「～カネナイ形」（"很可能"）、「～シカナイ形」（"仅能"）、「～ホカナイ形」（"只能"）等形式。

(12)「私としては、結局、定められた小説のノルマ以外の、様々な執筆依頼を峻拒するしかすべはなかった。」

"作为我来讲，到最后，只能把除去谈妥的小说撰写之外的各种约稿全都拒绝了。"

三、表示主语的愿望。

此时，句尾要求使用「～タイ形」（"希望"）、「～ツモリダ形」（"打算"）等形式。

（13）「海野としては、さう云ひたいところだつた。」
"作为海野来说，他是想这样说的。"

四、确认说明情况。

此时，句尾要求使用「～ワケダ形」（"当然"）、「～ノダ形」（"是……的"）等形式。

（14）「私としては、もう事は済んだと思っていたから、そのことは考えずに、ここに来たのだった。」
"作为我来说，我觉得事情已经过去了，所以根本没有考虑那件事就来到了这里。"

从语义方面看，「としては」的形态则体现主语化立场的特殊用法，表示从句子主语（的人物或者团体）进行判断的立场。「としては」强调从句子主语这样一个立场出发，应尽怎样的义务，具备何等的能力，具有怎样的愿望或处于某种状况。换言之，如果不同上述语义相呼应使用，「としては」的前续名词构成实际主语的句子则不可能成立。

（15）a「私としては、行きたいです。」
"作为我来说，我是想去的。"
b ×私としては、行きました。

综上所述，「としては」由「として」和「は」结合构成，可以说这是一个词汇化的过程，由「として」发展到「としては」是一个不断主观化的过程：表示句子主语之立场或者判断。从「として」到「としては」是突出、强调认知主体即句子主语主观化过程的具体体现。

特别是通过句法的分析，可以观察到在句子中实际上表示主语化立场的「としては」构成句子时，句尾需要下列表现：A. 表示主语的义务，此时，句尾要求使用「～ナケレバナラナイ形」"必须"、「～ワケニハイカナイ形」"不能"等形式。B. 表示主语的能力，此时，句尾要求使用「～デキナイ形」"不能"、「～カネナイ形」"很可能"、「～シカナイ形」"仅能"、「～ホカナイ形」"只能"等形式。C. 表示主语的愿

望,此时,句尾要求使用「～タイ形」("希望")、「～ツモリダ形」("打算")等形式。D. 确认说明情况,此时,句尾要求使用「～ワケダ形」("当然")、「～ノダ形」("是……的")等形式。

上述句尾表现形式均体现了认知主体即句子主语的主观立场或者主观判断,这也从一个侧面再次证明了「としては」具有较强的主观性。

2.2.2 表示比较基准的「としては」与认知语义

(16) a「うちの犬は番犬<u>としては</u>役に立たない。」
　　　"我家的狗作为一条看门狗来说一无是处。"
　　b「彼は日本人<u>としては</u>背が高い。」
　　　"他作为一个日本人来说个子很高。"
　　c「彼女は妻<u>としては</u>失格だ。」
　　　"她作为一名妻子来说是失职的。"

在例句(16)和(17)中,「としては」的前续名词表示某一种集合体或者范畴,本书作者把这种集合体或者范畴称为比较标准。表示比较标准的「としては」的前续名词不同句子的宾语和谓语发生关联,而只是表示「としては」的前续名词所显示的某种比较标准与句子主语之间的关联。

从形态方面看,「としては」不是一个独立结构,语义稍微有所改变,其中的「は」可以省略。

(17) a「私は責任者<u>として</u>その会議に参加しなければならない。」
　　　"我作为负责人,必要要参加那场会议。"
　　b「私は責任者<u>としては</u>その会議に参加しなければならない。」
　　　"作为一名负责人,我必须得参加那场会议。"

从功能方面看,「としては」的前续名词表示某一种集合体、范畴或者一种标准,一般由表示某种概念的词汇构成。如例句(18)所示,「としては」的前置名词「金融機関」「米国の軍艦」均显示相应的概念。

（18）a「わが社は日本の金融機関としては最も早い時期である1983年に北京に事務所を開設した。」

"我们公司作为一家日本的金融机构，早在1983年，就率先在北京设立了事务所。"

b「ラニカイ」は、砲艦と言っても、二本マスト、八十五トンの帆船で、乗組員は米海軍の士官と水兵が六人、あとは、傭入れのフィリッピン人十二人が、セイラー服を着せられて水兵に化けているだけで、米国の軍艦としては最小限度の要求をみたした船であった。」

"'拉尼凯号'虽说是军舰，但它只是一艘85吨重的双桅杆帆船而已。船上也只有6个人是美国海军，其他的12个人都是雇来的菲律宾人穿着水兵服假扮的。作为一艘美国的军舰来说，它只是一艘达到了最低标准的船。"

从句法的角度看，「としては」的前续名词不同句子的宾语和谓语发生关联，而只是显示句子主语的某种比较标准，即只是与句子主语之间发生关联。

（19）「彼は医者としては無能だ。」

"他作为一名医生来说是无能的。"

从语义方面看，以「としては」的形态则表示从某种基准对主语进行判断，而且，这种判断是认知主体即讲话者基于「としては」的前续名词所显示的某种比较标准所做出的主观判断。

综上所述，「としては」由「として」和「は」结合构成，但是，在这里「としては」并没有形成一个词汇化的过程，「として」和「は」两者可以分开，即「は」可以省略；由「として」发展到「としては」是一个不断主观化的过程：表示讲话人基于「としては」的前续名词所显示的某种比较标准作出的主观判断。从「として」到「としては」是强调句子主语与某种基准的关联，也可以认为是认知主体即讲话人主观化过程的具体体现。

第三节 「としては」的主观化

通常认为：所谓"主观性"是指语言的一种特性，即在话语中多多少少总是含有说话人"自我"的表现成分。也就是说，说话人在说出一段话的同时表明自己对这段话的立场、态度和感情，从而在话语中留下自我的印记。而所谓"主观化"则是指语言为表现这种主观性而采用相应的结构形式或经历相应的演变过程。

我们从共时的角度来看待"主观化"，从认知出发来观察日常语言的使用，看说话人如何出于表达的需要，从一定的视角出发来"识解"一个客观的情景。

具体就日语中的「としては」而言，「としては」由复合格助词「として」和提示助词「は」结合构成，其结合过程可以说是一个正在形成的词汇化的过程，即表示主语化立场时，「としては」已经完成其词汇化的过程，形成一个完全独立的整体，不能再分割为「として」和「は」；在表示比较基准时，「としては」还没有形成一个不可分割的独立结构，但是，要表达比较基准之意义，必须采用格助词「として」和提示助词「は」的结合体「としては」。以上两种情况均区别于格助词「として」的用法。

「として」仅仅表示所谓句子某个成分的立场或者资格，多为客观描述，本身并没有包含多少主观化的因素，然而「としては」则明显含有较为明显的主观化的色彩，无论在语义表现上，还是在句法特色上，均体现出句子主语的主观立场或者主观判断。由「として」发展到「としては」是一个不断主观化的过程：「としては」表示句子主语之立场或者判断，或者表示讲话人基于其前置名词所显示的某种比较标准作出的主观判断。

第四节 「としては」的演变机制与过程

从表示单纯的资格和立场的「として」到表示句子实际主语的「としては」和表示比较基准的「としては」的变化，就是「としては」不断主观化的过程。沈家煊（2001）指出："主观化是指语言为表现这种主观性

而采用相应的结构形式或经历相应的演变过程。"复合格助词「として」表示资格和立场，而「としては」则表示句子实际主语，表示比较基准。此时，「としては」已经具有一定的认知义，或者表示认知主体即句子主语的主观立场或者主观判断；或者表示认知主体即讲话者基于「としては」的前续名词所显示的某种比较标准做出的主观判断。

人们的认识、思想、情感是建立在日常生活中的所见所闻所感之上的，借助于客观的、外在的感知，表达主观的、内在的认知或者心理，符合从具体到抽象的思维规律。由复合格助词「として」到认知义复合助词「としては」，正是词义的变化和主观化的结果。如下所示：

词汇化、语法化（主观化）
复合格助词「として」+ 提示助词「は」→认知义复合助词「としては」

第五节　结语

目前，有关语言主观化的研究可以说已经开始，但是，总体上还不够深入，值得我们进一步探讨。日语中有哪些表现主观化的方式，日语复合格助词在形成过程中有哪些涉及主观化；日语和汉语以及世界其他语言相比在主观化上有哪些共通性，又有哪些自身的特点；日语主观化有没有反例，即有没有主观化减弱的情形。对这些问题我们都应该在已有研究成果的基础上做进一步的探索。

第十三章

与从事语言研究的年轻学者共勉

结束12年之久的留学生活,回到母校北京大学任教转眼也已经18年有余了。在重新登上母校讲台的日子里,我参加过国内外为数众多的语言学学术活动,每年都要给研究生讲授语言学方面的课程,指导论文,参加答辩……总之,几乎每天都和年轻人生活在一起。我接触到了许许多多的学生,其中不乏立志于从事语言学研究的年轻人。

在和这些年轻人朝夕相处的日子里,我一直在思索:在从事语言学,特别是日本语学学习和研究的道路上,我已经走过了三十余年。在这一过程中,有成就,有经验,更有教训,可能对我来说,最为重要的是把自己的经验教训总结出来,分享给这些年轻人。

首先,了解学界的基本动向。

假如立志从事语言学、日本语学的研究,那么,对日语研究就要有一个总体的把握,对日语的音韵、语法、词汇和篇章的研究现状,要有一个基本的了解。也就是说,要对日本语学研究有一个基本的把握,了解学界的基本动向。这样,便于确定自己的研究方向,明确自己在日本语学研究中所处的位置。

其次,建立自己的研究领域。

语言学、日本语学的研究领域非常广泛,既然要从事这项研究,就要

深入进去。其中一个必不可少的环节就是确定自己的研究方向和领域。

这个过程并不简单，需要反复尝试和探索，有时甚至是一个相对漫长的过程。这就要求大家要有耐性，有恒心，要坐得下来；要做到对自己研究领域非常熟悉，了解这个领域的研究历史，了解关于这个领域的国内外研究动向。

另外，你确定的这个领域、这个方向，一定是有深度、有厚度的，即你可以不断地进行挖掘，深层次探索。

甚至可以说，一旦确立自己的研究领域，明确了自己的研究方向，你的研究就已经完成了一半。

再次，不断充实完善自己。

语言学是一个非常古老的学科，有着悠久的历史和丰富的研究成果。但是，这并不意味着就不需要吸收新的研究方法和探索新的研究方式，比如在日本，日本语学的最新研究探索内容之一，就是把日本语学的研究成果和翻译研究结合起来。

大家处在一个学术气氛相对浓厚的时代，年轻人要勇于探索，善于利用计算机语言研究的成果，借鉴汉语研究的巨大成就，走在时代的最前沿。

最后，重视自己的第一篇学术论文。

这可能是一个非常具体的问题，之所以在这里提出来，是因为这一点如果把握不好，有可能导致在学术研究上耗费时间。

比如，我们要撰写一篇有关现代日语研究的文章，那么，首先你要学会查找参考文献，详细考察迄今为止你这篇文章所涉及领域的研究成果，找出存在的不足，明确自己要论证解决的问题。

以查找日文参考文献为例，一般下列刊物可以作为参考文献：

(1) 『国語年鑑』，国立国語研究所；
(2) 『日本語学』，日本語学会；
(3) 『国語と国文学』，東京大学国語国文学会；
(4) 『国語国文』，京都大学国語国文学会；
(5) 『日本語文法』，日本語文法会；
(6) 『日本語科学』，国立国語研究所；

(7)『日本語教育』，日本語教育学会。

上述参考文献是日本有关日本语学研究的重要学术刊物，除此之外，日本各大学的学报以及日本语学研究的学术专著也可以列为查阅参考文献的对象。

在日本，语学研究的学术专著种类繁多，一般以"くろしお出版・大修館書店・ひつじ書房・明治書院"等出版社出版的学术专著最为重要。

如果有可能的话，在完成自己第一篇论文的初稿后，参加一次学术会议，宣读该论文，条件不具备的话，也可以参加自己学校内部或者院系内部的研讨会。总而言之，多让别人听听自己的观点，并不急于发表。

以上，是我根据自己几十年来的切身体验，分享给有志于从事语言研究的年轻学者的一点体会，仅供参考。

本书正是在众多年轻学生的协助之下完成的[①]。

2014年至今，我负责的北京大学日语翻译硕士中心已经送出了六期共计190名毕业生，上述190位同学堪称中国新一代日语学习研究人才的代表，如今他（她）们活跃在国内外各个领域。在他（她）们中间，有19名同学选择了继续求学，在日本或者中国攻读博士学位。截至2019年7月，上述19名同学当中，已经有4名完成学业，获得博士学位，3名担任教职，分别执教于上海外国语大学高级翻译学院、北京外国语大学日语学院和北京航空航天大学外国语学院，1名在北京大学从事博士后研究。

正是在北京大学，我才有机会接触并教授包括上述190位同学在内的无数优秀学子，希望包括上述190位同学在内的所有学习日语、研究日语的年轻学生能够借助中国得天独厚的条件，始于中国，展图世界。

---

① 在本书的写作过程中，北京大学日语翻译硕士一期洪晶同学、二期王雯婷同学、北京大学历史系博士生陈倩同学、北京大学日语翻译硕士三期刘畅、王梦蕾、张庆怡、谷文诗、王唯斯、何庆、励雯、张思雅等同学，以及六期黄博典、张歌同学均参与了校对工作，并翻译了部分例句。

参考文献

中文参考文献

白荃：论作主语的介词结构"从…到…"，《汉语学习》1992年第1期。
北京大学中文系1955、1957级语言班编：《现代汉语虚词例释》，商务印书馆，1982。
陈淑梅："作为"的动词用法和介化用法，《汉语学习》1999年第2期。
丁声树等：《现代汉语语法讲话》，商务印书馆，1961。
冯志纯：试论介宾短语作主语，《语言教学与研究》1986年第4期。
傅雨贤、周小兵、李炜、范干良、江志如：《现代汉语介词研究》，中山大学出版社，1997。
侯学超编：《现代汉语虚词词典》，北京大学出版社，1998。
胡裕树主编：《现代汉语》（增订本）（第3版），上海教育出版社，1981。
黄锦章：《汉语格系统研究——从功能主义的角度看》，上海财经大学出版社，1997。
金昌吉：谈动词向介词的虚化，《汉语学习》1996年第2期。
金昌吉：汉语的介词、介词短语与格，《语言研究论丛》第七辑，南开大学中文系《语言研究论丛》编委会编，语文出版社，1997。
李临定：《汉语比较变换语法》，中国社会科学出版社，1988。
李临定：《现代汉语动词》，中国社会科学出版社，1990。

李晓琪：论对外汉语虚词教学，《世界汉语教学》1998年第3期。
李小荣：从配价角度考察介词结构"对于……"作定语的情况，《配价理论与汉语语法研究》，语文出版社，2000。
李裕德：主语能不能放在介词结构当中，《中国语文》1979年第1期。
蔺　璜：现代汉语介词的语法作用，《语文研究》1997年第2期。
刘勋宁：《现代汉语研究》，北京语言文化大学出版社，1998。
刘　顺："对"字短语作定语的歧义问题，《汉语学习》1998年第6期。
刘月华、潘文娱、故韡：《实用现代汉语语法》，外语教学与研究出版社，1983。
刘月华：《汉语语法论集》，现代出版社，1989。
鲁　川：介词是汉语句子语义成分的重要标志，《语言教学与研究》1987年第2期。
陆俭明、马真：《现代汉语虚词散论》，北京大学出版社，1985。
吕叔湘：《汉语语法分析问题》，商务印书馆，1979。
吕叔湘主编：《现代汉语八百词》，商务印书馆，1980。
马小兵：日语复合格助词"に対して"和单个格助词"に"的替换使用，《语言学研究》第3辑，高等教育出版社，2004。
马小兵：日语复合格助词「にむかって」的句法特点与语义特征，《外语研究》2009年第6期。
马小兵：《日语复合格助词和汉语介词的比较研究》，北京大学出版社，2002。
马小兵：日语复合助词研究值得期待，《中国社会科学报》2016年9月13日。
马小兵：《日语复合格助词与语法研究》，深圳报业集团出版社，2011。
马小兵：试论日语宾语的表现形式及与汉语的比较，《日语研究》第3辑，商务印书馆，2005。
马小兵：试论日语复合格助词"について"与汉语介词"关于"的对应关系，《汉日语言研究文集》五，北京出版社、文津出版社，2002。
马小兵：试论日语复合助词「としては」以表示句子实际主语的用法和表示比较基准的用法为例，《东方研究》，经济日报出版社，2007。

马小兵：现代日语「としては」的主观化，《认知语言学入门》，外语教学与研究出版社，2008。

马小兵：现代日语复合格助词研究，《深圳大学学报（人文社会科学版）》2010年第6期。

马　真：《简明实用汉语语法教程》，北京大学出版社，1997。

孟琮等编：《汉语动词用法词典》，商务印书馆，1999。

潘晓东：浅谈定语的易位现象，《中国语文》1981年第4期。

齐沪扬：《现代汉语短语》，华东师范大学出版社，2000。

秦礼君：日语补格助词与汉语介词，《日语学习与研究》1993年第1期。

饶长溶："关于"、"至于"不像是介词，《汉语学习》1987年第1期。

饶长溶：《汉语层次分析录》，北京语言文化大学出版社，1997。

邵霭吉：关于主语能不能放在介词结构当中，《中国语文》1979年第5期。

沈家煊：句式和配价，《中国语文》2000年第4期。

沈阳、郑定欧主编：《现代汉语配价语法研究》，北京大学出版社，1995。

沈阳主编：《配价理论与汉语语法研究》，语文出版社，2000。

施建军：关于汉、日语格成分主题化的异同，《日语学习与研究》2001年第4期。

邢福义：关于"从……到……"结构，《中国语文》1980年第5期。

邢福义：《汉语语法学》，东北师范大学出版社，1996。

王建勤：介词"对于"的话语功能，《语言教学与研究》1992年第1期。

王伟丽：汉语配价语法研究的新动向，《汉语学习》2000年第3期。

吴启主、李裕德：《现代语法"构件"语法》，湖北教育出版社，1986。

吴为章：单向动词及其句型，《中国语文》1982年第5期。

姚继中：日汉动宾结构比较研究，《日语学习与研究》1996年第3期。

余大光："从…到…"是介词结构吗，《中国语文》1980年第5期。

袁毓林：现代汉语二价名词研究，《现代汉语配价语法研究》，沈阳、郑定欧主编，北京大学出版社，1995。

袁毓林：《汉语动词的配价研究》，江西教育出版社，1998。

袁毓林、郭锐主编：《现代汉语配价语法研究》（第二辑），北京大学出

版社，1998。

张伯江、方梅：《汉语功能语法研究》，江西教育出版社，1996。

张国宪、周国光：索取动词的配价研究，《汉语学习》1997年第2期。

张　虹：谈谈状语和定语的转换，《汉语学习》1993年第6期。

张　文　周：能在判断句中作主语的一种介词结构，《中国语文》1980年第3期。

张谊生：《现代汉语虚词》，华东师范大学出版社，2000。

张永胜：浅谈介词"对"和"对于"用法的异同，《语文学刊》1992年第4期。

赵博源：《汉日比较语法》，江苏教育出版社，1999。

赵淑华：介词和介词分类，《词类问题考察》，胡明扬主编，北京语言学院出版社，1996。

朱德熙：《语法讲义》，商务印书馆，1982。

朱德熙：《现代汉语语法研究》，商务印书馆，1980。

朱一之编：《现代汉语语法术语词典》，华语教学出版社，1990。

戴宝玉：试论日语复合助词"として"，《日语学习与研究》1987年第5期。

日文参考文献

青木伶子：『現代語助詞「は」の構文論的研究』，笠間書院，1991。

石綿敏雄：『現代言語理論と格』，ひつじ書房，1999。

梅原恭則：助詞の構文的機能，『講座日本語と日本語教育4日本語の文法・文体（上）』，明治書院，1991。

江田すみれ：「名詞+のこと」の意味と用法について—「について」とのかかわり，『日本語教育』62号，1987。

奥津敬一郎：連用即連体？，『日本語学』1995年11月号〜1997年9月号，明治書院，1995、1996、1997。。

奥津敬一郎：変化動詞文における形容詞移動，『副用語の研究』，明治書院，1983。

奥津敬一郎、沼田善子、杉本武：『いわゆる日本語助詞の研究』，凡人

社，1986。

小矢野哲夫：形容詞のとる格，『日本語学』3月号，明治書院，1985。

小矢野哲夫：名詞の格，『講座日本語と日本語教育4 日本語の文法・文体（上）』，明治書院，1991。

金子尚一：日本語の後置詞，『国文学　解釈と鑑賞』第48巻6号，至文堂，1983。

神尾昭雄：「に」と「で」〈日本語における空間的位置の表現〉，『言語』9月号，大修館書店，1980。

川端善明：格と格助詞とその組織，『論集日本語研究（一）現代編』，明治書院，1986。

北原保雄：『日本語助動詞の研究』，大修館書店，1981。

北原保雄：『日本語の世界6 日本語の文法』，中央公論社，1981。

北原保雄編：『日本語文法論術語索引』，有精堂，1982。

北原保雄、鈴木丹次郎、武田孝、増淵恒吉、山口佳紀編：『日本文法事典』，有精堂，1981。

金田一春彦他編：『日本語百科大辞典』，大修館書店，1988。

久野暲：『新日本文法研究』　大修館書店，1983。

久野暲：『日本文法研究』，大修館書店，1973。

久野暲、柴谷方良編：『日本語学の新展開』，くろしお出版，1989。

国語学会編：『国語学辞典』，東京堂，1955。

国立国語研究所：『形容詞の意味・用法の記述的研究』国立国語研究報告44，秀英出版，1972。

国立国語研究所：『現代語の助詞・助動詞―用法と実例』国立国語研究報告3，秀英出版，1951。

国立国語研究所：『動詞の意味・用法の記述的研究』国立国語研究報告43，秀英出版，1972。

国立国語研究所：『日本語における表層格と深層格の対応関係』国立国語研究報告113，三省堂，1997。

グループ・ジャマシイ編：『日本語文型辞典』，くろしお出版，1998。

佐伯哲夫：『語順と文法』，笠間書院，1976。

佐伯哲夫：複合格助詞について，『言語生活』7月号，筑摩書房，1966。
佐藤喜代治編：『国語学研究事典』，明治書院，1977。
佐藤尚子：現代日本語の後置詞の機能――『～について』と『～に対して』を例として」，『国語研究』第7号，横浜国立大学国語国文学会，1989。
柴谷方良：格と文法関係，『言語』3月号，大修館書店，1984。
城田俊：格助詞の意味，『国語国文』50巻4号，京都大学国語国文学会，1981。
城田俊：『日本語形態論』，ひつじ書房，1999。
鈴木重幸：『日本語文法・形態論』，むぎ書房，1973。
鈴木重幸：『文法と文法指導』，むぎ書房，1972。
鈴木康之：規定語と他の文の成分との移行関係，『言語の研究』むぎ書房，1979。
砂川有里子：複合助詞について，『日本語教育』62号，1987。
鈴木智美ら編：『複合助詞がこれで分かる』，ひつじ書房，2007。
関正昭：評価述定の誘導成分となる複合助詞について，『日本語教育』68号，1989。
高橋太郎：構造と機能と意味――動詞の中止形（～シテ）とその転成をめぐって」，『日本語学』12月号，明治書院，1983 a。
高橋太郎：『動詞の研究』，むぎ書房，1994。
高橋太郎：「動詞の条件形の後置詞化」，『副用語の研究』，明治書院，1983b。
高橋太郎：『日本語の文法』，ひつじ書房，2005。
張麟声：『日本語教育のための誤用分析 中国語話者の母語干渉20例』，スリーエーネットワーク，2001。
蔦原伊都子：～について，『日本語学』10月号，明治書院，1984。
塚本秀樹：日本語と朝鮮語における複合格助詞について，『アジアの諸言語と一般言語学 西田龍雄教授還暦記念論文集』，三省堂，1990。
塚本秀樹：日本語における複合格助詞について，『日本語学』3月号，明

治書院，1991。

塚本秀樹：日本語における複合動詞と格支配，『言語学の視界』，大学書林，1987。

寺村秀夫：『日本語のシンタクスと意味Ⅰ』，くろしお出版，1982。

寺村秀夫：『日本語のシンタクスと意味Ⅱ』，くろしお出版，1982。

寺村秀夫：『日本語のシンタクスと意味Ⅲ』，くろしお出版，1991。

寺村秀夫、鈴木泰、野田尚史、矢澤真人編：『ケーススタディ日本文法』，桜楓社，1987。

永野賢：表現文法の問題──複合辞の認定について，『金田一博士古稀記念言語民族論叢』，三省堂，1953。

新川忠：「に格の名詞句と動詞とのくみあわせ」とそれに対応する中国語の表現手段，『教育国語』84，むぎ書房，1986。

西田直敏：『日本文法の研究』，和泉書院，1993。

仁田義雄：格体制と動詞タイプ，『ソフトウエア文書のための日本語処理の研究』，情報処理振興事業協会，1986。

仁田義雄：格の表現形式　日本語，『講座日本語学10外国語との対照Ⅰ』，明治書院，1982。

仁田義雄：形容詞の結合価，『文芸研究』第七十九集，日本文芸研究会，1975。

仁田義雄：『語彙論的統語論』，明治書院，1988。

仁田義雄編：『日本語ヴォイスと他動性』，くろしお出版，1991。

仁田義雄編：『日本語の格をめぐって』，くろしお出版，1993。

仁田義雄：『日本語のモダリティと人称』，ひつじ書房，1991。

仁田義雄：『日本語文法研究序説』，くろしお出版，1997。

仁田義雄、村木新次郎、柴谷方良、矢澤真人：『文の骨格』，岩波書店，2000。

日本語教育学会編：『日本語教育事典』，大修館書店，1982,2005。

藤田保幸、山崎誠編：『複合辞研究の現在』，和泉書院，2006。

丹羽哲也：無助詞格の機能—主題と格と語順，『国語国文』58巻10号，京都大学国語国文学会，1989。

野村剛史：～にとって／～において／～によって，『日本語学』10月号，明治書院，1985。

野田尚史：『はじめての人の日本語文法』，くろしお出版，1991。

野田尚史：『「は」と「が」』，くろしお出版，1996。

馬小兵：いわゆる連用から連体への転換について——「Nに対して…」から「Nに対するN」へを中心に，《日本学研究》，学苑出版社，2006a。

馬小兵：「立場・資格」を表す「として」の用法について——「に・で」との比較を中心に，『筑波日本語研究』第二号，筑波大学日本語学研究室，1997。

馬小兵：中国語の介詞"作为"と日本語の複合格助詞「として」，『日中言語対照研究論集』第4号，日中言語対照研究会，白帝社，2002。

馬小兵：中国語の介詞"作为"と日本語の複合格助詞「として」の対照研究，『日本言語文化』第31輯，2015。

馬小兵：中国語の介詞"对于"と日本語の複合格助詞「にとって」，『日中言語対照研究論集』第6号，日中対照言語学会，白帝社，2004。

馬小兵：中国語の"対+N1+的+N2"と日本語の「N1に対するN2」について，『文教大学文学部紀要』，第16-1号，2002。

馬小兵：日语复合格助词「について」的语法特点，『言語文化研究科紀要』創刊号，文教大学大学院，2015。

馬小兵：日本語の複合格助詞「に対して」と中国語の介詞"対"，『文教大学文学部紀要』第16-2号，2003。

馬小兵：日本語の複合格助詞について，《孙宗光先生喜寿纪念论文集：日本语言与文化》，北京大学出版社，2003。

馬小兵：日本語の複合格助詞「について」と中国語の介詞"关于"——その対応関係を中心に，『日本語と日本文学』34号，筑波大学国語国文学会，2002。

馬小兵：日本語の目的語の表現形式について，『日本学報』第64輯，韓国日本学会，2005。

馬小兵：複合格助詞「をもって」について，『筑波日本語研究』第16号，筑波大学日本語学研究室，2012。

馬小兵：複合辞「としては・にしては・にしてみれば」について，《日本学研究：2008年上海外国语大学日本学国际论坛论文集》，上海外语教育出版社，2008。

馬小兵：複合辞「にしてみれば」について，《日本语言文化研究：北京大学日语学科成立60周年国际研讨会论文集》第八辑，学苑出版社，2008。

馬小兵：複合助詞「として」の諸用法，『日本語と日本文学』24号，筑波大学国語国文学会，1997。

馬小兵：複合助詞「としては」と「にしては」について，『日本語と中国語と』，学苑出版社，2007。

馬小兵：複合動詞「にしては」の意味と用法——名詞句（名詞句＋にしては）を中心に，《当代日本语学研究：北原保雄博士业绩纪念论文集》，高等教育出版社，2003。

馬小兵：方向を表す複合格助詞について，『筑波日本語研究』第十四号，筑波大学日本語学研究室，2010。

馬小兵：方向を表す複合助詞「に対して」と「にむかって」について，《日本学研究：二零零九上海外国语大学日本学国际论坛纪念论文集》，华东理工大学出版社，2009。

益岡隆志：『命題の文法』，くろしお出版，1987。

益岡隆志：『モダリティの文法』，くろしお出版，1991。

益岡隆志、田窪行則：『格助詞』，くろしお出版，1987。

益岡隆志、野田尚史、沼田善子編：『日本語の主題と取り立て』，くろしお出版，1995。

松木正恵：複合辞の認定基準・尺度設定の試み，『早稲田大学日本語教育センター紀要』2，1990。

松木正恵：複合助詞の特性，『言語』11月号，大修館書店，1995。

丸山直子：格助詞と格と結合価，『計量国語学』17－4，1990。

丸山直子：はなしことばにおける無助詞格成分の格，『計量国語学』

19-8，1995。

三井正孝：ニトツイテ格の意味，『静岡英和女学院短期大学紀要』第二十五号，1993。

三井正孝：ニトッテ格の共起条件，『新潟大学国語国文学会誌』第四十三号，2001。

南不二男：『現代日本語の構造』，大修館書店，1972。

南不二男：『現代日本語文法の輪郭』，大修館書店，1993。

宮島達夫：格支配の量的側面，『論集日本語研究(一) 現代編』，明治書院，1986。

宮島達夫：格の共存と反発，『計量国語学と日本語処理—理論と応用—』，秋山書店，1987。

宮島達夫、仁田義雄編：『日本語類義表現の文法』（上・下），くろしお出版，1995。

村木新次郎：動詞の結合能力からみた名詞，『国文学 解釈と鑑賞』52巻2号，至文堂，1987。

村木新次郎：動詞の結合能力をめぐって，『日本語教育』47号，1982。

村木新次郎：『日本語動詞の諸相』，ひつじ書房，1996。

村木新次郎：日本語の後置詞をめぐって，『日語学習与研究』第3期，1987。

森田良行：『基礎日本語』，角川書店，1989。

森田良行：『動詞意味論的文法研究』，明治書院，1994。

森田良行：『日本語学と日本語教育』，凡人社，1990。

森田良行：『日本語の表現』，創林社，1983。

森田良行：『日本語の類義表現』，創拓社，1988。

森田良行、松木正恵：『日本語表現文型』，アルク株式，1989。

森山卓郎：『ここからはじまる日本語文法』，ひつじ書房，2000。

森山卓郎：『日本語動詞述語文の研究』，明治書院，1988。

山岡政紀：『日本語の述語と文機能』，くろしお出版，2000。

山下明昭、山内博之、島田麻美：に対しての文法機能，『国語と教育』18号，大阪教育大学，1994。

矢澤真人：いわゆる「形容詞移動」について，『小松英雄博士退官記念日本語学論集』，三省堂，1993b。

矢澤真人：「格」と階層，『森野宗明教授退官記念論集言語・文学・国語教育』，三省堂，1994。

矢澤真人：格の階層と修飾の階層，『文芸言語研究言語篇』21，筑波大学文芸・言語学系，1992。

矢澤真人：「格」をめぐる研究，『国文学　解釈と教材の研究』46巻2号，学燈社，2001。

矢澤真人：語順から構文類型へ，『筑波大学「東西言語文化の類型論」特別プロジェクト研究報告書　平成9年度Ⅰ』，1997。

矢澤真人：修飾語と並立語，『講座日本語と日本語教育第4巻　日本語の文法・文体（上）』，明治書院，1989。

矢澤真人：情態修飾成分の整理——被修飾成分との呼応及び出現位置からの考察，『日本語と日本文学』3号，筑波大学国語国文学会，1983。

矢澤真人：序列と連用修飾——コトの中のモーダルな修飾成分の取り扱い，『国語国文論集』20，学習院女子短期大学国語国文学会，1991。

矢澤真人：副詞句と名詞句との意味連関をめぐって，『国文学　解釈と鑑賞』58巻1号，至文堂，1993a。

矢澤真人：連用修飾成分による他動詞文の両義性——状態規定の『～デ』と他動詞文の修飾構成について，『国語国文論集』16，学習院女子短期大学国語国文学会，1987。

矢澤真人：連用修飾成分の位置に出現する数量詞について，『学習院女子短期大学紀要』二三，1985。

山口明穂、秋本守英編：『日本語文法大辞典』，明治書院，2001。

山田進：語の形式と意味，『国語学』175集，1993。

山梨正明：深層格の核と周辺——日本語の格助詞からの一考察，『言語学の視界』，大学書林，1987。

渡辺実：『国語構文論』，塙書房，1971。

渡辺実編：『副用語の研究』，明治書院，1983。

主要材料来源
日语部分
《CD-ROM版，新潮文庫一百冊》（发行单位：新潮社）所收日本作家所著作品67册。
以下按作者名(五十音图顺序)、作品名的顺序排列。
赤川次郎「女社長乾杯！」、阿川弘之「山本五十六」、芥川龍之介「羅生門・鼻」、安部公房「砂の女」、有島武郎「小さき者へ・生まれ出づる悩み」、有吉佐和子「華岡青洲の妻」、池波正太郎「剣客商売」、石川淳「焼跡のイエス・処女懐胎」、石川啄木「一握の砂・悲しき玩具」、石川達三「青春の蹉跌」、泉鏡花「歌行燈・高野聖」、五木寛之「風に吹かれて」、伊藤左千夫「野菊の墓」、井上ひさし「ブンとフン」、井上靖「あすなろ物語」、井伏鱒二「黒い雨」、遠藤周作「沈黙」、大江健三郎「死者の奢り・飼育」、大岡昇平「野火」、開高健「パニック・裸の王様」、梶木基次郎「檸檬」、川端康成「雪国」、北杜夫「楡家の人びと」、倉橋由美子「聖少女」、小林秀雄「モオツァアルト・無常という事」、沢木耕太郎「一瞬の夏」、椎名誠「新橋烏森口青春篇」、塩野七生「コンスタンティノープルの陥落」、志賀直哉「小僧の神様・城の崎にて」、司馬遼太郎「国盗り物語」、島崎藤村「破戒」、曽野綾子「太郎物語」、高野悦子「二十歳の原点」、竹山道雄「ビルマの堅琴」、太宰治「人間失格」、立原正秋「冬の旅」、田辺聖子「新源氏物語」、谷崎潤一郎「痴人の愛」、筒井康隆「エディプスの恋人」、壺井栄「二十四の瞳」、中島敦「李陵・山月記」、夏目漱石「こころ」、新田次郎「孤高の人」、野坂昭如「火垂るの墓」、林芙美子「放浪記」、樋口一葉「にごりえ・たけくらべ」、福永武彦「草の花」、藤原正彦「若き数学者のアメリカ」、星新一「人民は弱し　官吏は強し」、堀辰雄「風立ちぬ・美しい村」、松本清張「点と線」、三浦綾子「塩狩峠」、三浦哲郎「忍ぶ川」、三木清

「人生論ノート」、三島由紀夫「金閣寺」、水上勉「雁の寺・越前竹人形」、宮沢賢治「銀河鉄道の夜」、宮本輝「錦繡」、武者小路実篤「友情」、村上春樹「世界の終わりとハードボイルド・ワンダーランド」、森鴎外「山椒大夫・高瀬船」、柳田国男「遠野物語」、山本周五郎「さぶ」、山本有三「路傍の石」、吉村昭「戦艦武蔵」、吉行淳之介「砂の上の植物群」、渡辺淳一「花埋み」。

日中对译部分
中译日部分
《骆驼祥子》 1936 老舍《老舍小说集》 长江文艺出版社。
『駱駝祥子』和訳 1991 中山高志 白帝社。
《野火春风斗古城》 1958 李英儒 作家出版社。
『野火と春風は古城に闘う』和訳 1962 立間祥介『中国現代文学選集』12 平凡社。
《林海雪原》 1957 曲波 作家出版社。
『樹海と雪の原野に』和訳 1962 飯塚朗『中国現代文学選集』10 平凡社。
《沸腾的群山》 1965 李云德 人民文学出版社。
『沸き立つ群山』和訳 1972 島田正雄他 東方書店。
《在同一地平线上》等 1981 张辛欣《张辛欣代表作》黄河文艺出版社。
『同じ地平に立って』和訳 1987 飯塚容・山口守『現代中国文学選集』5 徳間書房。
《锅碗瓢盆交响曲》 1983 蒋子龙 百花文艺出版社。
『鍋釜交響楽』和訳 1989 蘇崎 恒文社。
《活动变人形》 1984 王蒙《王蒙文集》第二卷 华艺出版社。
『応報』和訳 1992 林芳 白帝社。
《梁斌文集—红旗谱》 1986 梁斌 百花文艺出版社。
『燃えあがる大地』和訳1961 松井広光 至誠堂。

《黑雪》　1985　叶雨蒙　济南出版社。
『黒雪』和訳　1987　朱建栄・山崎一子　同文館。
《红高粱家族》　1987　莫言　解放军文艺出版社。
『赤い高粱』和訳　1989　井口晃　徳間書店。
《酩酊国》　1996　莫言　作家出版社。
『酒国』和訳　1996　藤井省三　岩波書店。
《我的父亲邓小平（上卷）》　1993　毛毛　中央文献出版社。
『わが父・鄧小平』和訳1994　長堀祐造他　徳間書店。
《土门》　2008　贾平凹《贾平凹文集・第10卷》　陕西人民出版社。
『土門』和訳　1997　吉田富夫　中央公論社。
《毛泽东传（1893—1949）》　1996　金冲及主编　中央文献出版社。
『毛沢東伝』和訳　2000　田村忠よし他　みすず書店。

日译中部分

『黯い潮』　1963　井上靖　新潮社。
《暗潮》　1987　唐月梅　外国文学出版社。
『球形の荒野』　1971　松本清張　文芸春秋。
《重重迷雾》　1987　谢志强、张素娟译　黄河文艺出版社。
『砂の器』　1971　松本清張　文芸春秋。
《砂器》　1998　孙明德等译　群众出版社。
『八つ墓村』　1971　横溝正史　角川文庫。
《金田一探案集——八墓村》　1999　刘红译　珠海出版社。
『犬神家の一族』　1977　横溝正史　角川文庫。
《金田一探案续集——犬神家族》　2000　第五贤德译　珠海出版社。
『青春の門』　1973　五木寛之　文芸春秋。
《青春之门》　1987　万强、童舟译　中央文联出版社。
『人間の証明』　1978　森村誠一　角川文庫。
《人性的证明》　1998　邵延丰、丁国桢等　海南出版社、三环出版社。
『野性の証明』　1978　森村誠一　角川文庫。
《野性的证明》　1998　何培忠、孟传良、冯建新　海南出版社、三环出

版社。

『青春の証明』　1991　森村誠一　講談社。
《青春的証明》　1998　邵延丰、丁国桢等　海南出版社、三环出版社。
『黄金仮面』　1979　江戸川乱歩全集6　講談社。
《黄金假面人》　1999　朱书民主编　珠海出版社。
『イブが死んだ夜』　1982　西村京太郎　集英社文庫。
《世家迷雾》　2000　龚志明译　珠海出版社。
『夜行列車殺人事件』　1985　西村京太郎　光文社文庫。
《凌晨三点钟的罪恶》　2000　龚志明、张林聪译　珠海出版社。
『棲息分布』　1983　松本清張　文芸春秋。
《孤狼》　1987　宋金玉等译　法律出版社。
『夜行の階段』　1978　松本清張　新潮出版。
《女人阶梯》　2000　朱书民　珠海出版社。
『Mの悲劇』　1993　夏樹静子　光文社文庫。
《M的悲剧》　2000　杨军译　中国国际广播出版社。
『Wの悲劇』　1993　夏樹静子　光文社文庫。
《W的悲剧》　2000　杨军译　中国国际广播出版社。
『Cの悲劇』　1993　夏樹静子　光文社文庫。
《C的悲剧》　2000　杨军译　中国国际广播出版社。
『塗られた本』　1986　松本清張　講談社文庫。
《被玷污的书》　2000　朱书民、刘辉译　珠海出版社。